Die Stellung des § 49a im System des Reichsstrafgesetzbuchs

Inaugural-Dissertation
zur Erlangung der Doktorwürde
von der
Hohen Juristischen Fakultät der Friedrich-Wilhelms-Universität zu Berlin
genehmigt
und nebst den beigefügten Thesen in der Aula der Universität
öffentlich zu verteidigen
am Donnerstag den 10. Dezember 1903
Vormittags 12—1 Uhr

von

Walther Haeger,
Kammergerichtsreferendar.

Opponenten:
Dr. jur. M. Hanke, Kammergerichtsreferendar
R. Gentzke, Kammergerichtsreferendar.

Berlin
Druck von Georg Reimer
1903.

Meinen Eltern.

Inhalt.

Vorbemerkung.

Die vorliegende Arbeit hat sich nicht zur Aufgabe gestellt, eine Exegese des § 49a zu liefern; denn die Bedeutung der einzelnen Tatbestandsmerkmale ist durch Theorie und Praxis genügend geklärt, so daß es kaum der Mühe lohnen dürfte, eine zusammenhängende Darstellung hiervon zu liefern. Wie das Thema besagt, soll hier vielmehr untersucht werden: die Stellung des § 49a im System des R.St.G.Bs. Es wird sich also darum handeln, zunächst seine Stellung im Allgemeinen Teil und dann seine Stellung im Besonderen Teil des R.St.G.Bs. zu charakterisieren. Und zwar muß die Untersuchung ihr Hauptaugenmerk auf den zweiten Teil richten, da gerade hier in der Literatur vielfach nicht die genügende Klarheit herrscht, insbesondere das Verhältnis von § 49a zu § 333 höchst streitig ist. Dies erheischt daher notgedrungen eine ausführliche Behandlung. Wenn man sich demgegenüber bezüglich der Stellung des § 49a im Allgemeinen Teil ziemlich einig ist und die Arbeit sich in diesem Abschnitt auf eine zusammenfassende Darstellung beschränken kann, so gibt es doch auch hier einzelne wichtige Streitfragen, die die Bedeutung des § 49a klar hervortreten lassen, und die deshalb nicht übergangen werden können.

Beiden Teilen wird eine kurze historische Einleitung vorausgeschickt, die zum Verständnis der folgenden Untersuchung unerläßlich sein dürfte.

Einleitung.

§ 1.

Um die Mitte des vorigen Jahrhunderts galt in der Literatur als unumstößliches Dogma, gleichsam als Axiom, der Satz, daß die Anstiftung nur zusammen mit der Täterschaft in Betracht kommen könne, daß daher diese auch nur strafbar sei, falls der Täter zu einer strafbaren Handlung geschritten. Denn die Anstiftung sei nichts als der Prozeß zur Hervor bringung des verbrecherischen Willens.[1]) Wie es nun keine Strafbarkeit des bloßen verbrecherischen Willens gebe, des Willens, der noch in keine Tat übergegangen sei, so könne es auch keine Strafbarkeit der Anstiftung geben, der keine strafbare Ausführung gefolgt sei. Selbst wenn der Wille des Anzustiftenden im Sinne der Anstiftung beeinflußt worden wäre, so habe sich der Anstifter damit doch noch nicht strafbar gemacht. Beide bildeten dann nur „eine durch den Willen verbundene Einheit zur Tat", und erst wenn diese wirklich begangen sei, sei die Möglichkeit der Bestrafung gegeben. Mit dem Fortschreiten der strafbaren Handlung des Angestifteten wächst also auch die Strafbarkeit des Anstifters bis zum Stadium der Vollendung; andererseits aber ergreift die strafrechtliche Reaktion die Anstiftung erst dann, wenn diese durch die Handlung des Angestifteten in strafbarer Weise objektiviert wird. Das Ergebnis: die erfolglose und die mißlungene Anstiftung müssen straflos bleiben; denn die an sich abgeschlossene, wenn man so sagen darf, vollendete Anstiftung fällt noch nicht in den Bereich des Strafrechts, da

---

[1]) Goltdammer: Materialien I, S. 309f.

das bloße Fassen des verbrecherischen Entschlusses für sich noch nicht strafbar ist. Umso weniger kann das Bemühen, den Willen eines anderen nach seinem eigenen Willen zu lenken, in die Sphäre des Kriminalrechts gezogen werden. Die Anstiftung für sich allein ist ja noch gar kein Verbrechen, sie ist nur die Teilnahme an einem solchen; sie ist also rechtlich gar nicht vorhanden, wenn sie kein Verbrechen zur Folge gehabt hat. Es ist mithin keine Teilnahme durch Anstiftung möglich, wenn der, auf den eingewirkt werden sollte, das Verbrechen oder einen strafbaren Versuch überhaupt nicht begangen hat. Es läßt sich allerdings ein bloßer Versuch der Anstiftung denken; weil diesem jedoch die zur Strafbarkeit erforderliche Objektivität fehlt, so kann er nicht gestraft werden.[1])

Diese Anschauung beruhte auf alten Traditionen.[2]) Schon das R.R. hatte (abgesehen von dem Crimen maiestatis, das immer eine besondere Behandlung erfuhr) diese sog. „versuchte

[1]) Diese Gedanken finden sich ausgesprochen in folgenden Schriften: Geyer in H. H., 1873, II, S. 344. — Berner: Die Lehre von der Teilnahme am Verbrechen, 1847, S. 255. — Luden: Abhandlungen aus dem gemeinen deutschen Strafrecht I, S. 448. — Zachariae im „Archiv des Kriminalrechts", 1850, S. 285. — Goltdammer: Archiv III, S. 380. — Temme: Lehrb. des preuß. Strafr., S. 341f. — Breidenbach: Kommentar über das Großherzoglich Hessische Strafgesetzbuch, I, 2, S. 266. — Dollmann: Das Strafgesetzbuch für das Königreich Bayern von 1861 mit Erläuterungen, I, S. 309. — Langenbeck: Die Lehre von der Teilnahme am Verbrechen, 1867/68, S. 160. — Schütze: Die notwendige Teilnahme am Verbrechen, 1869, S. 254. — Gengler: Vergiftung, 1842, II, S. 381, No. 39: „Die Meinung, die Strafbarkeit der versuchten Anstiftung annimmt, müßte offenbar zu dem Resultat führen, daß das Verleiten (la provocation) an und für sich als ein Verbrechen (delictum sui generis), als ein kriminell strafbares Faktum aufzufassen sei. Allein hiervon weiß das germanische Recht nichts. Die C.C.C. bedroht vielmehr in dem einzigen Fall, wo sie von der Anstiftung spricht, nämlich beim Meineid in Art. 57, also gerade bei demjenigen Delikt, wo sich eine geistige Einwirkung im eigentlichsten Sinne denken läßt, nur dann den Anstifter mit Strafe, wenn wirklich der Verleitete ein falscher Schwörer geworden ist, d. h. den Meineid geleistet hat." C.C.C. Art. 107 i. f. (Ausgabe von Kohler 1900): Wer solliche fallsche schwerer mit wissen fursetzlich und arglistiglich dazu anrichtet, der leidet gleiche peine, Unangesehen Ob etliche unnser und unnserer vorfahren keiserliche gesetze darwider verstannden werden mochten.

[2]) Vgl. Geyer in H. H., IV, S. 145.

Anstiftung“ nicht bestraft, desgleichen das kanonische Recht und die C.C.C., ebenso die Theresiana und das A.L.R.

Am Ende des 18. und am Anfang des 19. Jahrhunderts kam dann aber ein neuer Versuchsbegriff auf,[1]) indem man unter Versuch „jede auf Hervorbringung des Verbrechens absichtlich gerichtete äußere Handlung“ verstand. Auf diese Weise sah man in der unternommenen Anstiftung einen Versuch der Deliktsverübung selbst und bestrafte die Anstiftung als Versuch.[2])

Einen gewaltigen Umschwung in dieser Anschauung brachte der Code pénal von 1810 mit seinem Versuchsbegriff, der eine Betätigung des Entschlusses fordert, ein Verbrechen zu begehen, und zwar durch äußere Handlungen, die einen Anfang der Ausführung des beabsichtigten Verbrechens darstellen. (Toute tentative de crime qui aura été manifesté par des actes extérieurs et suivie d'un commencement d'exécution . . .). Jetzt konnte man die sog. „versuchte Anstiftung“ nicht mehr als Versuch der Deliktsverübung selbst bezeichnen, und daher nahm man im allgemeinen, wie wir oben gesehen, die Straflosigkeit dieser im Prinzip an.[3])

Indessen, man blieb doch nicht in allen Fällen diesem Prinzip treu. Gewisse besonders gefährliche Aufforderungen stellte man trotzdem unter Strafe, so zunächst die öffentliche Aufforderung. Und in der Tat liegt ja die Gefährlichkeit einer solchen auf der Hand; denn der Auffordernde kann nie die Wirkung seiner Handlung ganz übersehen, kann nie berechnen, welchen unheilvollen Einfluß sie auf die Menge ausüben wird. Darum bestraft man sie als besonderes Vergehen, auch wenn eine strafbare Handlung infolge der Aufforderung nicht verübt ist. Ferner glaubte man, beim Meineid diesen Schritt ebenfalls tun zu müssen. Im allgemeinen aber waren dies doch nur Ausnahmen, die freilich schon eine große Bresche in das sonst

---

[1]) Vgl. Witte: Erörterungen über den § 49a, 1888, S. 2.

[2]) Über die Literatur vgl. Witte a. a. O. S. 3.

[3]) Vgl. die Äußerung des Justizministers Dr. Leonhard im Reichstag. Sten. Ber., III, S. 1353.

so fest gefügte Dogma von der Straflosigkeit der versuchten Anstiftung schlugen.

Und so erhoben sich denn gar manche Stimmen, die mit aller Energie einer noch weiteren Einführung ähnlicher Ausnahmebestimmungen entgegenzutreten suchten; so z. B. Geyer, der immer aufs schärfste betonte, daß solche Bestimmungen ihren Ursprung staatspolizeilichen Rücksichten verdankten, „namentlich jener Furcht vor dem freien Wort, welche uns von einem altersschwachen Gemeinwesen wenig, sehr aber von einem judendkräftigen, zukunftsreichen Staatsgebilde wunder nimmt“.[1])

War man also schon prinzipiell von verschiedenen Seiten mit diesen Neuerungen nicht einverstanden, so warf man doch daneben stets die Frage auf, warum denn gerade nur für Staatsverbrechen eine solche Ausnahme gemacht würde, warum denn nicht dann wenigstens auch bei der versuchten Anstiftung z. B. zum Morde. Warum sollten nur staatliche und militärische Interessen geschützt werden und nicht auch die übrigen Interessen der Gesellschaft in ihrer Gesamtheit und das Interesse der Rechtssicherheit des einzelnen?

§ 2.

Höchst wahrscheinlich wäre es aber bei dem Widerstreit der Meinungen schwer zu Neuerungen in diesem Sinn gekommen, wenn nicht der Fall Duchesne[2]) in Belgien zum Erlaß der loi contenant des dispositions pénales contre les offres ou propositions de commettre certains crimes vom 7. VII. 1875 geführt hätte. Dieses Gesetz hatte folgenden Wortlaut[3]):

»Quiconque aura offert ou proposé directement de commettre un crime punissable de la peine de mort ou de celle des travaux forcés, ou de participer à un tel crime, quiconque

---

[1]) H. H., II, S. 346.

[2]) Dieser hatte sich dem Jesuitenprovinzial von Belgien und dem Erzbischof von Paris zur Ermordung des Fürsten Bismarck erboten (Frank: Kommentar, 1900, § 49a, No. 1).

[3]) Motive, S. 64.

aura accepté semblable offre ou proposition, sera puni d'un emprisonnement de trois mois à cinq ans et d'une amende de 50 francs à 500 francs, sauf l'application de l'article 85 du Code pénal, s'il existe des circonstances atténuantes.

Le coupable pourra, de plus, être condamné à l'interdiction, conformément à l'article 33 du Code pénal, et mis sous la surveillance de la police pendant cinq ans au moins et dix ans au plus.

Toutefois ne seront point punies l'offre ou la proposition simplement verbale, quand elle n'est pas accompagnée de dons ou promesses ou subordonnée à des dons ou promesses, ni l'acceptation de semblable offre ou proposition.«

Da nun dieses Gesetz auf Drängen des deutschen Bundesrates in Belgien zustande gekommen war, so glaubte man in Deutschland, daß man aus Rücksicht auf das Ausland ebenfalls dasselbe tun müsse.[1]) Und so wurde denn der nach dem Vorbild des belgischen Gesetzes geschaffene Entwurf des Bundesrates als § 49a in das St.G.B. in folgender Fassung aufgenommen:

„Wer einen anderen zur Begehung eines Verbrechens oder zur Teilnahme an einem Verbrechen auffordert, oder wer eine solche Aufforderung annimmt, wird, soweit nicht das Gesetz eine andere Strafe androht, wenn das Verbrechen mit dem Tode oder mit lebenslänglicher Zuchthausstrafe bedroht ist, mit Gefängnis bis zwei Jahren oder mit Festungshaft von gleicher Dauer bestraft.

Die gleiche Strafe trifft denjenigen, welcher sich zur Begehung eines Verbrechens oder zur Teilnahme an einem Verbrechen erbietet, sowie demjenigen, welcher ein solches Erbieten annimmt.

Es wird jedoch das lediglich mündlich ausgedrückte Auffordern oder Erbieten, sowie die Annahme eines solchen nur dann bestraft, wenn die Aufforderung oder das Erbieten an die Gewährung von Vorteilen irgend welcher Art geknüpft worden ist.

---

[1]) Vgl. Witte a. a. O. S. 10ff.

Neben der Gefängnisstrafe kann auf Verlust der bürgerlichen Ehrenrechte und auf Zulässigkeit von Polizeiaufsicht erkannt werden."

Diesem Paragraphen wollte man einen möglichst allgemeinen Charakter geben, da, ethisch gewürdigt, alle solche Verbrechen Strafe verdienten. Denn, wie der Anstifter als der Urheber oder wenigstens Leiter der verbrecherischen Vorstellungen in dem Täter sicher die gleiche, wenn nicht noch etwa eine höhere Strafe verdient hat, so kann auch der Versuch der Anstiftung nicht straflos bleiben. Denn auch hier hat der Auffordernde die Gefährlichkeit seiner Gesinnung klar an den Tag gelegt; es ist nicht ein rein innerer Vorgang geblieben, wie der Entschluß, den der Täter vor der Tat in seiner Brust faßt, und der die Außenwelt gar nicht berührt; der verbrecherische Wille hat sich vielmehr offen kundgegeben durch das Handeln in strafbarer Absicht, und es ist nur einem von seinem freien Willen unabhängigen Umstand zu verdanken, daß der von ihm erstrebte Erfolg nicht eingetreten ist.[1]) Daher wird es der Sicherheit der Staatsangehörigen nur dienen können, wenn schon diese klar zu Tage tretenden antisozialen Gesinnungen unter Strafe gestellt werden, ohne erst abzuwarten, bis sie ihre unheilvolle Wirkung äußern.

Natürlich war man nach Erlaß der Novelle ziemlich ungehalten im Lager der Gegner. Denn jetzt sollte jenes wichtige Prinzip, das gefunden zu haben man so stolz war, in einer alle bisherige Kenntnis umstoßenden Weise durchbrochen werden; und so bezeichnet Geyer[2]) diesen § 49a als einen bedauerlichen Rückschritt und ist überzeugt, daß er mit dieser Ansicht nicht allein unter seinen Fachgenossen bleiben werde. Schon im Reichstag hätten sich von verschiedenen Seiten warnende Stimmen hören lassen, und ihnen würde ein großer Teil der Strafrechtslehrer Recht geben müssen. Zum mindesten sei der Paragraph viel zu weit gegangen; freilich, das Auffordern und das Sicherbieten zum Mord hätte man ja wohl für strafbar

---

[1]) Vgl. den ähnlichen Gedanken bei Hälschner: Das gemeine deutsche Strafrecht, 1881, I, S. 409.

[2]) H. H., IV, S. 144.

erklären können, und hätte man noch ein Übriges tun wollen, so hätte man ja vielleicht auch noch die Aufforderung und das Sicherbieten zu jenen gemeingefährlichen Verbrechen hinzunehmen können, die das Leben von Menschen gefährden; aber dabei hätte man es auch bewenden lassen müssen.

Nun, über die Notwendigkeit einer Bestrafung solcher Aufforderungen ist man jetzt so ziemlich einig. Denn allgemein hat man erkannt, daß es ein Mißstand ist, wenn das Unternehmen, Teilnehmer für die Ausführung eines Verbrechens zu werben, straflos ist;[1]) und ferner darf man nicht zugeben, daß es erlaubt ist, sich als Meuchelmörder für Geld nacheinander mehreren Unternehmern anzubieten, bis man denjenigen findet, der auf das Anerbieten eingeht. Streitig kann daher nur noch sein, ob dieser Paragraph dem System des St.G.Bs. entspricht, und insbesondere, welche Bedeutung er hier einnimmt. Dies soll deshalb im folgenden untersucht werden.

---

[1]) Vgl. die Stenogr. Ber. über die Verhandl. des Reichstages 1875—1876, III, No. 54, S. 180.

I. Teil.

§ 3.

§ 49a behandelt zunächst den Tatbestand, daß jemand einen anderen zur Begehung eines Verbrechens auffordert, und da fragt es sich in erster Linie, was man unter „Verbrechen“ zu verstehen hat. Darüber herrscht im allgemeinen kein Streit, daß der Begriff des Verbrechens hier vom Standpunkt des Aufgeforderten aus bestimmt werden muß.[1] Der Auffordernde will also, daß der andere eine Handlung begeht, die sich nach § 1 als ein Verbrechen qualifiziert.

Daraus ergibt sich, daß man an Stelle dieses einen Wortes „Verbrechen“ auch die einzelnen Deliktstatbestände setzen könnte, die sich als Verbrechen darstellen.[2] Es wäre also der Ausdruck „Verbrechen“ weiter nichts als ein Name, eine Zusammenfassung von Tatbeständen unter einheitlicher Bezeichnung. Da nun dem Auffordernden diese eventuelle Tat des anderen zugerechnet werden soll, so muß er auch denselben dolus haben wie der Täter, also sämtliche Tatumstände kennen, die zum gesetzlichen Tatbestande des Verbrechens gehören, das der andere begehen soll. Wie der Täter, so braucht auch er daher die Strafbarkeit der Handlung nicht zu kennen;[3] denn nach der herrschenden Meinung ist strafrechtlicher Irrtum irrelevant; wohl aber müßte er die besonderen Tatumstände

---

[1]) Olshausen: Kommentar, 1898, § 49a, No. 9.

[2]) Frank: Ztschr. f. d. ges. Strafrechtswissenschaft, XII, S. 284.

[3]) Derselben Ansicht seit der 8. Aufl. seines „Lehrbuchs des deutschen Strafrechts“ auch v. Liszt.

wissen, die gerade in der Person des Aufgeforderten vorliegen und dadurch erst die Tat als Verbrechen erscheinen lassen. Fordert also z. B. jemand einen rückfälligen Dieb zu einem neuen einfachen Diebstahl auf, in Kenntnis, daß er schon zweimal gestohlen, so wäre der Auffordernde nach § 49a strafbar, da auf seiten des Aufgeforderten ein Verbrechen vorliegt und der Auffordernde die Begehung der Tat als eines Verbrechens gewollt hat. Wußte er dagegen nicht, daß der andere schon zweimal wegen Diebstahls verurteilt war, so kannte er das Vorhandensein eines Tatumstandes nicht, der zum gesetzlichen Tatbestand gehört; daher hat er nur zu einem einfachen Diebstahl des § 242, also zu einem Vergehen, aufgefordert, ist folglich aus § 49a nicht strafbar.[1])

Die Entscheidung muß ebenso ausfallen, wenn auch der Auffordernde ein rückfälliger Dieb gewesen ist, der also, falls er die Tat selbst begangen, sich eines Verbrechens schuldig gemacht hätte. Denn aufgefordert hat er, bei Nichtkenntnis der Rückfälligkeit des Aufgeforderten, trotzdem nur zu einem Vergehen, und das ist das Entscheidende.

Fraglich kann endlich noch sein, ob die durch den Erfolg qualifizierten Delikte den Gegenstand der Aufforderung bilden können. Der A fordert z. B. den B auf, den C körperlich zu verletzen, also zum Vergehen des § 223. Stirbt nun C infolge der Tat, so hat B auf Grund des § 226 ein Verbrechen begangen, nämlich eine Körperverletzung mit tödlichem Ausgange. Auffordern kann man jedoch nur zu einer bestimmten Handlung, die ein gestecktes Ziel erreichen soll. Geht der Täter über dieses Ziel hinaus, oder tritt gar, wie hier, der schwerere Erfolg unabhängig von seinem Willen ein, so kann dies dem Auffordernden nicht zugerechnet werden. Folglich kann das Verbrechen, zu dem nach § 49a aufgefordert wird, nur ein vorsätzliches und sein Resultat nur ein gewolltes sein.[2])

---

[1]) Derselben Ansicht: Geyer in H. H., II, S. 365; Hälschner a. a. O. I, S. 436f.; Witte a. a. O. S. 28; Meves, Strafgesetznovelle, S. 334; R.G. in E., XXXII, S. 268.

[2]) Ebenso: Olshausen, § 49a, No. 8; Meves a. a. O. S. 334; Witte a. a. O. S. 29.

Diese Frage, die fast in allen Kommentaren und Besprechungen des § 49a in diesem Zusammenhang behandelt wird, gehört eigentlich gar nicht hierher. Denn dieser Fall setzt voraus, daß das gewollte Delikt begangen, ja daß noch mehr erreicht ist, als man erstrebt hat. Nun ist aber, wie unten näher zu zeigen sein wird, eine Bedingung für die Anwendbarkeit des § 49a die, daß die beabsichtigte Handlung infolge der Aufforderung noch nicht in strafbarer Weise begangen sein darf. Folglich läge in dem oben gedachten Fall gar nicht mehr Aufforderung des § 49a, sondern Anstiftung des § 48 vor.

§ 4.

Der Aufforderung zu einem Verbrechen ist die „Teilnahme an einem Verbrechen" gleichgestellt. Was bedeutet nun dieser Ausdruck „Teilnahme", hat er einen gesetzlich bestimmten Inhalt, oder muß er aus der einzelnen Vorschrift heraus interpretiert werden?

In § 50 ist ausdrücklich hinter das Wort „Teilnehmer" in Klammern als Definition „Mittäter, Anstifter und Gehülfe" gesetzt, und so scheint es doch unzweifelhaft, daß das Gesetz die Teilnahme auch in § 49a in diesem bestimmten Sinn versteht. Eine solche Annahme setzt indessen voraus, daß das Gesetz diese Terminologie auch tatsächlich stets befolgt hat, daß § 50 also wirklich eine gesetzliche Definition enthält. Daß dies jedoch nicht der Fall ist, mag die folgende terminologische Betrachtung zeigen.[1]) Zuzugeben ist allerdings, daß „Teilnahme" nach dem gewöhnlichen Sprachgebrauch des Gesetzes Anstiftung, Beihülfe und Mittäterschaft umfaßt; hieran ist gegenüber dem klaren Wortlaut des § 50 kaum zu zweifeln. Der Ausdruck hat aber auch noch eine weitere und eine engere Bedeutung. In der weiteren umfaßt er jede Beteiligung, einschließlich der des Täters, so in einer Reihe von Fällen z. B. § 115 I;[2]) in der engeren nur: Anstifter und Gehülfen, d. h.

---

[1]) Vgl. Olshausen: Vorbemerkung zum 3. Abschnitt.

[2]) § 115, I: „Wer an einer öffentlichen Zusammenrottung ... teilnimmt ..."

diejenigen, die nicht direkt an der Tat beteiligt sind, wie in St.P.O. § 3.[1]) Die Präsumtion dürfte aber wohl für die Definition des § 50 sprechen.

Nun versteht die herrschende Lehre unter Teilnahme nur Anstiftung und Beihilfe, nicht Mittäterschaft,[2]) und deshalb wird allgemein zugegeben, daß die Aufforderung zur Anstiftung oder Beihilfe zu einem Verbrechen unter diesen Paragraphen fällt.[3]) Da wir jedoch den Begriff der Teilnahme in jedem einzelnen Fall bestimmen müssen, so dürfen wir nicht von vornherein die Möglichkeit verneinen, daß unter Teilnahme auch Mittäterschaft verstanden werden kann, sondern wir haben zu untersuchen, ob der Gesetzgeber hier die Aufforderung zur Mittäterschaft ebenfalls unter Strafe gestellt wissen wollte. Nun liegt aber doch der Fall ganz ähnlich, ob ein Hallunke den anderen auffordert, ein Verbrechen zu begehen, oder ob er ihn auffordert, mit ihm selbst gemeinschaftlich dies Verbrechen zu wagen. Man möchte sogar eher meinen, dieser letzte Fall sei noch härterer Strafe wert als der erste, und trotzdem müßte nach der herrschenden Lehre, die unter Teilnahme nur Anstiftung und Beihilfe versteht, der Auffordernde hier straflos bleiben.[4]) Da wir nun jedoch, wie wir eben gesehen, in jedem

---

[1]) § 3: „Ein Zusammenhang ist vorhanden . . ., wenn bei einer strafbaren Handlung mehrere Personen als Täter, Teilnehmer, Begünstiger oder Hehler beschuldigt werden."

[2]) So v. Liszt a. a. O. S. 196.

[3]) z. B. Meves a. a. O. S. 334f.

[4]) Die herrschende Lehre mit ihrer festen Definition der Teilnahme kann freilich auch die Mittäterschaft unter § 49a subsumieren. Denn sie betrachtet die Mittäterschaft als Unterfall der Täterschaft, und würde demnach die Stelle: „Wer einen anderen zur Begehung eines Verbrechens auffordert" so auslegen, daß dieser „andere" Täter oder Mittäter sein kann. Indessen, mag man sich der einen oder der anderen Ansicht zuneigen, jedenfalls fällt die Aufforderung zur Mittäterschaft bei Begehung eines Verbrechens ebenfalls unter die Strafdrohung des § 49a. Da dies jedoch in der Literatur, sofern der Schriftsteller überhaupt auf diesen Punkt eingeht, nicht ausdrücklich hervorgehoben wird, vielmehr immer nur von Anstiftung und Beihilfe gesprochen wird — ob mit Absicht oder lediglich aus Versehen, ist aus dem Zusammenhang nicht zu erkennen —, so bedurfte es an dieser Stelle noch des besonderen Hinweises hierauf.

Fall den Begriff der Teilnahme erst festzustellen haben, so müssen wir hier unter Teilnahme auch Mittäterschaft verstehen.[1])

Endlich aber steht auch in diesem Abschnitt der Teilnahme § 49a selbst; kann deshalb vielleicht unter Teilnahme das Vergehen des § 49a ebenfalls mitverstanden werden? Kann z. B. der A, der den B auffordert, dieser möchte seinerseits den C zur Begehung eines Verbrechens auffordern, nach § 49a gestraft werden? Ist § 49a ein Unterfall der Teilnahme, so fordert A den B auf zur Teilnahme an dem Verbrechen, das der C auf Aufforderung des B begehen soll. Nehmen wir nun an, der C lehnte die Aufforderung ab, so müßte § 49a Anwendung finden auf die Tat des B, da dieser den C zu einem Verbrechen aufgefordert hat, und A hätte nach demselben Paragraphen eine Aufforderung zur Teilnahme an einem Verbrechen gegeben. Teilnehmen an einem Verbrechen kann man aber nur, wenn es wirklich begangen ist, was hier nicht vorliegt;[2]) und ferner hätte diese Aufforderung des A dem B gegenüber Erfolg gehabt, da er das Vergehen des § 49a begangen hat. Damit zessiert aber gerade die Anwendbarkeit dieses Paragraphen, der die Erfolglosigkeit der Aufforderung voraussetzt; denn sobald infolge der Aufforderung eine strafbare Handlung begangen wird, liegt nicht mehr Aufforderung vor, sondern Anstiftung, in unserem Fall zum Vergehen des § 49a.

Hätte andererseits C wirklich das Verbrechen begangen, dann käme auch für B nicht mehr § 49a in Betracht, sondern § 48, da er zu einem von einem anderen begangenen Verbrechen angestiftet hätte, und A hätte eine mittelbare Anstiftung verübt.

Folglich stellt § 49a selbst keine Teilnahmehandlung dar, und es muß unter dem Begriff der „Teilnahme“ des § 49a: Anstiftung, Beihilfe und Mittäterschaft verstanden werden.

Die Anstiftung wird nun mit derselben Strafe bedroht wie die Mittäterschaft, bei der Mittäterschaft wird jeder Mittäter als Täter bestraft, und die bei der Beihilfe eintretenden Milde-

---

[1]) Ebenso: Witte a. a. O. S. 29.

[2]) Olshausen: § 49a, No. 2.

rungen sind im St.G.B. solche, daß die Beihilfe sich in gleicher Weise wie die vollendete Haupttat als Verbrechen oder Vergehen qualifiziert.[1]) Folglich hätte es für die Delikte des St.G.Bs. dieses Zusatzes der „Aufforderung zur Teilnahme an einem Verbrechen" nicht bedurft. Indessen außerhalb des St.G.Bs. könnte dies von Bedeutung sein,[2]) und in allen diesen Fällen, in denen sich die Teilnahme ausnahmsweise nur als Vergehen darstellt, ist trotzdem die Anwendbarkeit des § 49a auf Grund dieser ausdrücklichen Bestimmung gegeben.

§ 5.

Zu einem Verbrechen oder zur Teilnahme an einem solchen muß „aufgefordert" worden sein, so heißt es in unserem Paragraghen. An Stelle dieses Begriffes „Aufforderung" stand im Gesetzentwurf „unternommene Verleitung", die Kommission ersetzte ihn durch „unternommene Anstiftung", und schließlich fand der Reichstag den jetzigen Begriff „Auffordern" passender. Denn, „wenn es sich sonst bei Straffällen um Anstiftung handelt, so liegt die notwendige Begrenzung für das richterliche Ermessen in dem vollendeten Verbrechen; dadurch wird auch rückwärts die Konstatierung der Anstiftung in bestimmte Grenzen geschlossen. Aber hier soll es sich ja darum handeln, für etwas, das über jede äußerlich hervortretende Versuchshandlung hinausliegt, einen strafbaren Tatbestand zu finden".[3]) Darnach scheint es, als war der Ausdruck „Anstiftung" dem Reichstag zu präzise, und er wollte einen anderen haben, der dem Richter freieren Spielraum ließ. Ob dies aber tatsächlich erreicht ist, das wollen wir nun untersuchen, indem wir beide Ausdrücke miteinander vergleichen.[4])

In § 48 finden wir, neben der Generalklausel, bestimmte Anstiftungsmittel beispielsweise angeführt, und da ergibt sich sogleich, daß in der „absichtlichen Herbeiführung oder Be-

---

[1]) Olshausen: § 1, No. 8a.
[2]) Vgl. Frank: § 1, No. II, 4 und Olshausen: § 1, No. 8a.
[3]) Sten. Ber. II, S. 860.
[4]) Vgl. Geyer in H. H., IV, S. 151.

förderung eines Irrtums" unmöglich ein „Auffordern" gefunden werden kann.

Ferner wird auch allgemein angenommen, daß unter Umständen sogar scheinbares Abraten von der Begehung einer Tat sich als Anstiftung darstellen kann.[1]) Auch dies paßt nicht unter den Begriff des „Aufforderns".

Bei anderen Anstiftungsmitteln, wie Überredung, Verführung, Äußerung eines Wunsches, einer Bitte oder Erteilung eines Rates ist die Grenzlinie nur sehr schwer zu ziehen, in den meisten Fällen dürfte man wohl nicht „Aufforderung" annehmen können.

Während also für die Anstiftung alle möglichen Mittel fast ausnahmslos zur Verfügung stehen, ist die Aufforderung auf ganz bestimmte Äußerungen des Gedankens beschränkt.

Andererseits ist aber die Aufforderung auch wieder der weitere Begriff. Denn die Anstiftung hat eine Einwirkung auf die Willensbestimmung eines anderen zum Zweck, ruht also auf der Voraussetzung, daß der Wille des Anzustiftenden auf die Begehung der Tat noch nicht gerichtet war. Diese Beschränkung fehlt bei der Aufforderung; diese bleibt als solche zum Nachteil des Auffordernden bestehen, auch wenn der Aufgeforderte bereits aus eigenem Willen zur Tat entschlossen war.[2]) Bei der Anstiftung muß weiter das spezielle Mittel im Einzelfall festgestellt werden, während dies bei der Aufforderung nicht nötig ist.[3])

Faßt man alles zusammen, so ergibt sich, daß man nicht behaupten kann,[4]) der Begriff des Aufforderns umfasse den des Anstiftens, gehe aber über seinen Umfang noch hinaus, Dagegen kann man umgekehrt die Aufforderung als ein Mittel der Anstiftung bezeichnen, die zur Anstiftung selbst wird, wenn der Aufgeforderte infolge der Aufforderung zu einer strafbaren Handlung schreitet (vorausgesetzt, daß er nicht schon vorher

---

[1]) So v. Liszt: Lehrbuch des deutschen Strafrechts, 1900, S. 205.

[2]) Meves a. a. O. S. 332.

[3]) Vgl. Witte a. a. O. S. 21.

[4]) So Meves a. a. O. S. 332.

zur Tat entschlossen war). § 49a kommt also nur zur Anwendung: 1. wenn der Aufgeforderte sich nicht bestimmen läßt, 2. wenn er, der Aufforderung folgend, gleichwohl nicht bis zu einer strafbaren Tätigkeit gelangt, endlich 3. wenn er zur Verübung der betreffenden Tat bereits selbst entschlossen ist.[1] Man wird also im allgemeinen die Aufforderung als den engeren Begriff bezeichnen können;[2] nicht jedoch wird man die Aufforderung sogar als Spezialfall der Anstiftung auffassen dürfen.[3] Denn dann könnte sie über die Voraussetzungen der Anstiftung nicht hinausgehen, und, wie wir eben gezeigt, ist die Aufforderung doch nicht in allen Punkten an so strenge Voraussetzungen gebunden wie die Anstiftung.

§ 6.

Aus der Entstehungsgeschichte des § 49a ergibt sich, daß die Absicht des Gesetzgebers dahin gegangen ist, die mißlungene und die erfolglos gebliebene Anstiftung und das ihr an Bedeutung gleichstehende Sicherbieten zur Begehung einer Straftat für strafbar zu erklären[4] und somit die einzelnen Ausnahmen, die das Strafgesetzbuch von der Regel der Straflosigkeit jener Handlungen macht, auf alle den Charakter eines Verbrechens tragenden Delikte auszudehnen. Zur Rechtfertigung dieses Vorschlags berufen sich die Motive darauf, daß die Strafbarkeit der erfolglosen Anstiftung nicht nur von vielen deutschen Strafrechtslehrern verteidigt werde, sondern auch in verschiedene deutsche Strafgesetzbücher aufgenommen gewesen sei, und daß auch das R.St.G.B., obwohl es dem Pr.St.G.B. folgend, im Prinzip die dem französischen Recht entnommene Theorie von der Straflosigkeit der erfolglosen Anstiftung anerkannt habe, dennoch mehrfache Ausnahmen von derselben statuiere.[5] Dabei bemerken noch die Motive, daß § 49a nur

---

[1]) Hälschner a. a. O. I., S. 408.

[2]) Meyer: Lehrbuch des Strafrechts, 1895, S. 244, Anm. 25.

[3]) v. Schwarze: Ergänzungen, S. 11.

[4]) Meves a. a. O. S. 330.

[5]) Sten. Ber., III, No. 54, S. 179 ff.

Platz greifen solle, wenn die Verleitung mißlungen oder erfolglos geblieben sei, und daß er zessieren müsse, sobald der Verleitete das Verbrechen versucht oder vollendet habe.

Nun bezeichnet man aber herkömmlich die mißlungene und die erfolglose Anstiftung zusammen als Anstiftungsversuch,[1]) und da liegt es nahe, die Aufforderung des § 49a als Anstiftungsversuch zu einem Verbrechen aufzufassen.

Um die Richtigkeit dieser Annahme zu prüfen, müssen wir zunächst die möglichen Fälle der versuchten Anstiftung konstruieren und dann untersuchen, ob sie unter § 49a fallen. Beim Versuch unterscheidet man im allgemeinen den beendigten und unbeendigten Versuch. Der erste stellt sich bei der Anstiftung in zwei Formen dar: der fehlgeschlagenen oder mißlungenen und der erfolglosen Anstiftung.

Die mißlungene Anstiftung liegt dann vor, wenn es demjenigen, der den anderen anstiften will, nicht gelingt, in diesem die verbrecherische Absicht hervorzurufen. Der letzte läßt sich gar nicht anstiften, indem er entweder die Begehung des Verbrechens sofort ausdrücklich ablehnt, oder sich zwar aus irgend welchen Gründen passiv verhält, innerlich aber fest entschlossen ist, auf die Anstiftung nicht einzugehen.

Nun kann aber auch die Anstiftung insoweit gelingen, daß der Angestiftete wirklich den Entschluß zur Tat faßt, allein später ändert er seinen Willen und schreitet nicht einmal zur Begehung eines strafbaren Versuchs. Alsdann spricht man von erfolgloser Anstiftung.

Herkömmlich bezeichnet man endlich noch als dritten Fall der versuchten Anstiftung die eines omnimodo oder alias facturus, indem man zugibt, daß hier neben die Tätigkeit des die Anstiftung Versuchenden tatsächlich auch die Verübung derjenigen strafbaren Handlung tritt, zu welcher jener zu bestimmen versuchte, indem man aber andererseits auch betont, daß dieses Zusammentreffen ein lediglich äußeres ist.[2])

[1]) Geyer in H. H., II, S. 345 und IV, S. 152; Oppenhoff: Kommentar, 1896, §. 48, No. 25; Geyer: Grundriß, 1884, I, S. 138: Rüdorff-Stenglein: Kommentar, 1892, §. 48, No. 7; Frank: § 48, No. 1, 4.

[2]) Olshausen: § 48, No. 24.

Die herrschende Lehre betrachtet nur diese drei Fälle als versuchte Anstiftung, und doch lassen sich auch solche konstruieren, bei denen nicht die Anstiftung wie hier schon beendigt ist, sondern, ohne beendigt zu sein, abgebrochen wird; und zwar kann dies geschehen entweder von dem Anstifter selbst freiwillig oder aber gegen seinen Willen durch äußere Ereignisse.

Der A will zum Beispiel den B anstiften zu einem Morde und fordert ihn schriftlich hierzu auf. Dann wird ihm die Sache leid, und ihm gelingt es, den schon in den Postkasten geworfenen Brief vor der Bestellung in seine Hände zu bekommen.

Um jetzt auch ein Beispiel für die zweite Möglichkeit der nicht beendeten versuchten Anstiftung zu geben, so nehmen wir denselben Fall, nur hat der Auffordernde den Brief nicht zurückerlangt, sondern dieser ist aus irgend einem Grunde von der Behörde abgefangen worden und so nicht in die Hände des Adressaten gelangt.

Daß die ersten drei Fälle unter § 49a fallen, unterliegt keinem Zweifel,[1]) und weiter herrscht auch darüber kein Streit, daß zur Strafbarkeit aus § 49a erfordert werden muß, daß die Aufforderung zur Kenntnisnahme des anderen gelangt ist, sowie daß diese Kenntnisnahme noch kausal auf die Tätigkeit des Auffordernden zurückgeführt werden kann.[2]) Dies liegt nun aber sicher nicht vor in den beiden letzten Beispielen, folglich fallen diese nicht unter § 49a. Denn in dem ersten hat derjenige, der aufgefordert werden sollte, überhaupt nichts von der Aufforderung erfahren, und in dem zweiten ist, wenn die Behörde ihm den Brief zugestellt hat, seine Kenntnis nicht mehr kausal auf die Tätigkeit des Auffordernden zurückzuführen, weil der Kausalzusammenhang durch eine dazwischentretende, frei handelnde Person unterbrochen ist. Wenn man daher glaubt, § 49a statuiere eine allgemeine Strafbarkeit für die versuchte Anstiftung zu Verbrechen, so wäre dies nur dann

---

[1]) Frank: § 49a, No. II.

[2]) Olshausen: § 49a, No. 6.

zu billigen, wenn man unter Versuch, wie hier sehr viele Schriftsteller,[1]) nur den beendeten Versuch versteht.

Aber auch dies dürfte sich schwer halten lassen; denn es würde versuchte Anstiftung in diesem Sinn gleich „auffordern" zu setzen sein. Auffordern ist aber, wie oben gezeigt, ein engerer Begriff als Anstiftung, insbesondere was die Mittel angeht; folglich müßte man hier auch das Wort „Anstiftung" in einem engeren Sinn auffassen; wir müßten also für die Anstiftung hier eine engere Definition aufstellen, ebenso wie für den Versuch. Da nun jedoch beide Begriffe im St.G.B. fest umgrenzt sind, so dürfte dies kaum angängig sein.

Aber selbst wenn man dies gestatten wollte, würde es sich doch noch fragen, ob denn der Begriff der versuchten Anstiftung (in diesem engen Sinn) überhaupt auf die Fälle des § 49a paßt. Will ich jemand durch einen Schuß töten und schieße infolge von Unsicherheit vorbei, so liegt Tötungsversuch vor. Hätte ich sicher gezielt, dann hätte ich einen vollendeten Mord begangen: nur dies fehlte, um das Delikt zu vollenden, und dies war nach den Umständen sehr wohl möglich. Anders steht aber die Sache bei § 49a. Stifte ich jemand zu einem Verbrechen an und dieser führt nachher keine strafbare Handlung aus, so ergibt sich nachträglich, daß ich überhaupt keine Anstiftung begangen habe. Folglich richtet sich die Anstiftung als solche gemäß der streng akzessorischen Natur, die sie nun einmal nach dem St.G.B. noch hat, nach der Begehung der Haupttat; geschieht also diese nicht, so liegt auch keine Anstiftung vor. Denn das Gesetz behandelt die Anstiftung als Teilnahme an dem Tun eines anderen, setzt ein solches also notwendig voraus. In § 49a ist dieses aber gerade ausgegeschlossen, folglich kann es sich hier nicht um eine Anstiftungsart handeln, da ja der Begriff der Anstiftung sich erst nach rückwärts hin von der begangenen Tat aus bestimmt.

Versuchte Anstiftung würde nun dann gegeben sein, wenn die Anstiftung durch Handlungen betätigt ist, die einen Anfang der Ausführung darstellen, ohne daß das beabsichtigte Ver-

[1]) Vgl. S. 17, Note 1.

brechen oder Vergehen zur Vollendung gekommen ist; wäre also die Ausführung bis zum Ende fortgeschritten, so müßte auch das beabsichtigte Verbrechen oder Vergehen eingetreten sein. Dies ist nun aber bei der Anstiftung gerade nicht der Fall; denn, habe ich den anderen zur Begehung einer strafbaren Handlung bestimmt, so ist der Begriff der Anstiftung damit noch gar nicht gegeben, sondern erst dann, wenn der Angestiftete tatsächlich eine strafbare Handlung begeht. Nach § 49a ist nun aber diese Begehung einer strafbaren Handlung infolge der Aufforderung ausgeschlossen, folglich ist das Vergehen des § 49a unter diesem Gesichtspunkt betrachtet rechtlich irrelevant. Zu einem solchen Tun kann man aber keinen Versuch (im Sinne des St.G.Bs.) begehen, der notwendig den Anfang der Ausführung eines Verbrechens oder Vergehens, also einer Straftat voraussetzt.

So scheint denn überhaupt der Begriff der versuchten Anstiftung, jedenfalls nach unserem St.G.B., kaum haltbar;[1]) und zwar schon aus rein sprachlichen Gründen; denn § 48 definiert Anstiftung als vorsätzliche Bestimmung zu einer begangenen Straftat. Folglich wäre versuchte Anstiftung die versuchte Bestimmung zu einer begangenen Straftat. Ist aber die Handlung infolge der Anstiftung begangen, dann hat doch die Anstiftung Erfolg gehabt, und man kann nicht mehr von versuchter Anstiftung sprechen. Ist sie aber nicht begangen, dann ist ja das Tun des vermeintlichen Anstifters völlig irrelevant, da die Anstiftung begrifflich eine begangene Tat voraussetzt. Folglich ergibt sich nur die eine Alternative, entweder die Tat wird begangen, dann hat man angestiftet, oder die Tat wird nicht begangen, dann hat man ein strafrechtlich bedeutungsloses Tun vorgenommen. Ein Handeln, das in der Mitte zwischen beiden liegt, kann es nicht geben.

Von diesem allgemeinen Satz gibt es indessen eine Aus-

---

[1]) Vgl. Temme: Pr. Strafrecht, S. 342: „Daraus, daß die Anstiftung für sich kein Verbrechen ist, folgt, daß es auch keinen Versuch der Anstiftung geben kann. Die Anstiftung wird nur dadurch strafbar, daß sie eine verbrecherische Handlung des Angestifteten zum Erfolge gehabt hat. Bei einem Versuch der Anstiftung würde aber gerade ein solcher Erfolg fehlen."

nahme; es läßt sich tatsächlich doch ein Fall der versuchten Anstiftung konstruieren. Wie schon oben gezeigt, kann man von Anstiftung nur sprechen, wenn eine Haupttat vorliegt, da die Anstiftung eine Teilnahmehandlung darstellt. Aus diesem Grunde ist die Möglichkeit einer versuchten Anstiftung bei der fehlgeschlagenen und mißlungenen Anstiftung verneint worden; wohl aber paßt dieser Begriff auf die Anstiftung eines omnimodo facturus. Denn hier liegt ja eine Haupttat vor, an der Teilnahme möglich ist; folglich würde sich nach rückwärts hin das Tun des Auffordernden als Anstiftung darstellen, wenn der Täter nicht schon selbst zur Tat entschlossen gewesen wäre. Es hat hier also der Anstiftende eine Anstiftung vorgenommen, an einem absolut untauglichen Objekt, also einen Versuch begangen. Dem entspricht auch die obige Definition der versuchten Anstiftung als einer „versuchten Bestimmung zu einer begangenen strafbaren Handlung" (was sich unmittelbar aus der Definition der Anstiftung als einer „vorsätzlichen Bestimmung zu einer begangenen strafbaren Handlung" ergibt). Nur in diesem einen Fall könnte man also den Begriff der versuchten Anstiftung im Sinn des St.G.Bs. aufrecht erhalten.

Daß man trotzdem häufig, auch bei fehlgeschlagener und mißlungener Anstiftung, von versuchter Anstiftung spricht, läßt sich nur so erklären, daß die Wissenschaft fast ausnahmslos für die Auffassung der Anstiftung als intellektueller Urheberschaft eintritt,[1]) d. h. Bestimmung zu einer zu begehenden strafbaren Handlung; und dann läßt sich allerdings der Begriff der versuchten Anstiftung auch für die ersten beiden Fälle konstruieren.

§ 7.

So zeigt sich, daß § 49a mit der Anstiftung begrifflich nur wenig gemein hat, tatsächlich stehen sich aber doch die §§ 49a und 48 ziemlich nahe, was dadurch hervorgerufen wird, daß ja, wie oben angedeutet, die Aufforderung ein Mittel der Anstiftung ist, und daß infolge dessen, sobald eine Straftat die

---

[1]) v. Liszt a. a. O. S. 197 i. f.

Folge der Aufforderung ist, die Anwendbarkeit des § 49a zessiert und § 48 eintreten muß.

Zur näheren Illustrierung hierfür und insbesondere für die Anwendbarkeit des § 49a mögen die folgenden kleinen Varianten dienen.

1. Der Aufgeforderte erkennt die Aufforderung als eine solche, lehnt sie aber sogleich ab. Dann findet für die Aufforderung § 49a Anwendung.

2. Dasselbe gilt, wenn der Aufgeforderte die Aufforderung zwar annimmt, aber vor Beginn einer strafbaren Handlung von seinem Entschluß absteht.

3. Der Aufgeforderte verübt eine strafbare Handlung. Dann liegt Anstiftung zu einer strafbaren Handlung mittels Aufforderns vor, und § 48 greift Platz, während die Anwendbarkeit des § 49a zessiert.

4. Der Aufgeforderte war schon selbst zur Tat entschlossen und hat sie auch begangen. Hier kann von einer Anstiftung nicht gesprochen werden, da der Auffordernde den anderen zu einem Tun nicht mehr bestimmen konnte, das jener selbst schon geplant hatte. Wohl aber sind die Merkmale einer strafbaren Aufforderung gegeben, es findet also § 49a Anwendung.

Unter Umständen kann aber hier auch psychische Beihilfe vorliegen, und dann würde § 49 anzuwenden sein. Das Kriterium hierfür sieht die herrschende Ansicht darin, ob der Auffordernde den anderen in seinem Entschluß bestärkt hat.

Hiergegen polemisiert Birkmeyer,[1]) indem er ausführt: „Es verursacht die Anstiftung unseres positiven Rechts weder den verbrecherischen Erfolg, noch den verbrecherischen Willen des Angestifteten. Sie setzt für letzteren wie für ersteren nur eine Bedingung, und steht also in ihrer kausalen Bedeutung der intellektuellen Beihilfe, der Beihilfe durch Rat des § 49, völlig gleich.“ Daher könne man nicht sagen, die Anstiftung rufe den verbrecherischen Entschluß des anderen hervor, die intellektuelle Beihilfe bestärke ihn nur. Der Entschluß sei ebenso bei dem Angestifteten wie bei dem durch Rat Unter-

[1]) Birkmeyer: Die Lehre von der Teilnahme, 1890, S. 116.

stützten vermöge ihrer freien Selbstbestimmung erzeugt, hervorgerufen allein von ihnen selbst. Der Unterschied zwischen beiden sei nur der, daß die Anstiftung die Einwirkung auf den Willen eines anderen vor dessen Entschluß, die intellektuelle Beihilfe aber die Einwirkung auf seinen Willen nach dem Entschluß sei.

Diese Unterscheidung ist zwar richtig, trifft aber kaum den Kern der Sache. Denn die Zeit der Tat ist doch nicht das Wichtigste, sie ergibt sich ganz von selbst aus dem Wesen der Beihilfe und der Anstiftung, da es begrifflich unmöglich ist, daß Anstiftung nach und Beihilfe vor dem Entschluß geleistet wird. Das Wesen der Beihilfe dürfte auch kaum in der Bestärkung des Entschlusses zu finden sein; denn man kann doch auch einem fest Entschlossenen noch durch Rat Beihilfe leisten, obgleich er in seinem Entschluß gar nicht mehr bestärkt werden kann. Das Wesen der intellektuellen Beihilfe dürfte vielmehr gemäß dem Wortlaut des Gesetzes darin bestehen, daß der Rat dem Täter hilft, daß er ihm entweder überhaupt erst die Möglichkeit einer wirksamen Ausführung der Tat gibt, oder ihm dieselbe doch wenigstens erleichtert. Daß der Täter hierdurch in seinem Entschluß oft bestärkt werden wird, kann ja nicht bestritten werden, gehört aber nicht zum Wesen des Begriffs der Beihilfe.

Übrigens dürfte diese Unterscheidung zwischen psychischer Beihilfe und Anstiftung durch Auffordern in der Praxis fast unmöglich sein.

5. Der Aufgeforderte begeht einen strafbaren Versuch, sichert sich aber Straflosigkeit durch freiwilligen Rücktritt. Dieser kommt nach der herrschenden Lehre[1]) dritten Teilnehmern nicht zu statten. Folglich wird der Auffordernde als Anstifter bestraft, da infolge der begangenen strafbaren Handlung des Täters § 49a nicht Platz greifen kann.

---

[1]) So Frank: § 46, No. V, E. XIV, S. 19, XVI, S. 347. A. A. jedoch sehr viele, wie Meyer: Lehrb., S. 227; Kohler: Studien, 1890, I, S. 143 (mit Hinweis auf die akzessorische Natur der Teilnahme) und Olshausen: § 46, No. 2 (mit Hinweis auf den Gesetzestext, in dem es heißt: der Versuch als solcher bleibt straflos; nicht: wer einen Versuch unternommen hat, bleibt straflos.).

6. Der Aufgeforderte faßt die Aufforderung gar nicht als eine solche auf.[1]) Hier liegt versuchte Aufforderung vor wegen unrichtiger Wahl des Ausdrucks. Da nun § 49a ein Vergehen darstellt und der Versuch nicht ausdrücklich für strafbar erklärt ist, so geht der Auffordernde straffrei aus.

7. Der Aufgeforderte hat ein Verbrechen begangen, ist aber nachher nicht auffindbar; also kann kein Verfahren gegen ihn eingeleitet werden. Hier wäre an und für sich auf seiten des Auffordernden Anstiftung gegeben. Da eine solche jedoch von der Feststellung der Haupttat als eines Verbrechens abhängig ist, diese aber nicht eintreten kann, so ist er wegen Anstiftung straffrei, doch muß er aus § 49a bestraft werden.

8. Der Aufgeforderte ist ein Kind unter 12 Jahren und hat die Tat begangen. Dann hat sich der Auffordernde eines Unzurechnungsfähigen als Werkzeug bedient, ist also als mittelbarer Täter zu betrachten.

9. Das Kind begeht die Tat nicht. Hier erhebt sich die bekannte Streitfrage, ob man in § 55 einen materiellen Strafausschließungsgrund erblickt,[2]) oder nur einen prozessualen Hinderungsgrund der Strafverfolgung.[3]) Im ersten Falle liegt überhaupt keine strafbare Handlung auf seiten des Auffordernden vor, denn es wird im § 49a vorausgesetzt, daß der Aufgeforderte die Aufforderung zu einem Verbrechen als eine solche erkennt,[4]) daß er also eine zurechnungsfähige Person ist. Im zweiten Fall müßte man unterscheiden, ob das Kind nach seiner individuellen Entwicklung doli capax ist oder nicht. Wenn ja, so müßte der Auffordernde nach § 49a bestraft werden, wenn nein, so bliebe er straflos.

Wenn also auch, wie wir soeben gesehen, die Anwendungsgebiete von § 49a und § 48 hart aneinander grenzen, so ist doch die Aufforderung des § 49a mit der Anstiftung begrifflich und systematisch nicht zu verbinden.

---

[1]) Geyer in H. H., IV, S. 153.

[2]) So z. B. Frank, § 55, No. 2.

[3]) So Olshausen, § 55, No. 5.

[4]) Meyer, a. a. O., S. 224; Olshausen, § 49, No. 10.

§ 8.

Neben der Aufforderung zu einem Verbrechen und zur Teilnahme an einem solchen enthält § 49a noch drei andere besondere Delikte, nämlich: das Sicherbieten zu einem Verbrechen und die Annahme einer Aufforderung und eines solchen Erbietens. Diesen haben wir jetzt noch unsere Aufmerksamkeit zuzuwenden, da sie noch deutlicher die seltsame Natur des § 49a hervortreten lassen, der vollständig im Widerspruch steht mit den sonst im Str.G.B. festgehaltenen Prinzipien.

a.

Was zunächst den Begriff des Sicherbietens angeht, so herrscht darüber kein Streit: Es ist die ausdrückliche, an den anderen gerichtete Erklärung, daß man bereit sei, im Fall seines Einverständnisses ein Verbrechen zu begehen oder an der Begehung eines Verbrechens teilzunehmen. Das Erbieten stellt also noch nicht den unbedingten Entschluß dar, die Tat zu vollführen, sondern drückt nur die Geneigtheit des sich Erbietenden aus, eventuell, nämlich wenn der andere seine Einwilligung erklärt hat, zur Ausführung des Verbrechens zu schreiten.[1])

Von selbst versteht sich, daß für das Erbieten ebenso wie für die Aufforderung Ernstlichkeit gefordert wird. Denn, fehlt dem Auffordernden die Absicht, daß der Aufgeforderte das Verbrechen, zu dem er auffordert, begehe, oder fehlt dem sich Erbietenden die Absicht, das Verbrechen, zu dem er sich erbietet, selbst zu begehen, so liegt in Wahrheit ein Auffordern oder ein Sicherbieten überhaupt nicht vor.[2])

Ungeachtet dessen beabsichtigte die Kommission, um jeden Irrtum bei der praktischen Anwendung des § 49a vorzubeugen, eine ausdrückliche Hervorhebung dieses Umstandes. Sie schlug daher die Fassung vor: „Gleiche Strafe trifft denjenigen, welcher sich zur Begehung eines Verbrechens . . . in der Absicht erbietet, für den Fall der Annahme seinem Erbieten

---

[1]) Vgl. Witte a. a. O. S. 24; Geyer in H. H., IV, S. 155; Olshausen, § 49a, No. 5b.

[2]) Vgl. Witte a. a. O. S. 25; Olshausen, § 49a, No. 6; Frank, § 49a, No. IV., s. u. 2., E. XV, S. 360f.

gemäß zu handeln, sowie denjenigen, welcher ein solches Erbieten in der Absicht annimmt, die Begehung des Verbrechens zu fördern.“[1]) Diese Fassung wurde zwar später nicht angenommen, aber nur deshalb nicht, weil, wie man sagte,[2]) jene Absicht sich von selbst verstehe und gerade die ausdrückliche Hervorhebung derselben zu Irrtümern in der Anwendung führen könne; denn, wenn man auf das, was sich von selbst verstehe, noch besonders hinweise, so könne man leicht dadurch veranlaßt werden, einen besonderen Zweck und einen besonderen Sinn hierin zu suchen, und so das Gesetz unrichtig auslegen. Daher wurden aus dem Kommissionsentwurf jene Worte gestrichen.

Der Offerent muß also die ernste Absicht haben, das Verbrechen zu begehen, um selbst der Strafe zu verfallen; und der, dem offeriert worden ist, soll ebenfalls nicht gestraft werden, wenn er nicht die ernste Absicht hatte, seinerseits auf das Erbieten des andern einzugehen. Folglich, wenn der eine (der Auffordernde oder der sich Erbietende) das, was er sagt, nicht ernstlich meint, so soll ihn auch nicht die Strafe aus § 49a treffen.

Ob der Annehmende auch schon dann das Delikt des § 49a begangen hat, wenn der andere ihn nur zum Schein zum Verbrechen aufforderte oder sich zur Begehung eines solchen erbot, dieser Frage wollen wir uns jetzt zuwenden.

b.

Die Annahme eines Erbietens ist die ernstliche Erklärung des Einverständnisses mit dem Erbieten, und eventuell noch, daß man bereit sei, die gestellten Bedingungen zu erfüllen.[3])

Liegt nun auf seiten des Annehmenden die ernste Absicht vor, daß das Verbrechen begangen werde, hat dagegen der Auffordernde oder der sich Erbietende eine solche gar nicht gehabt, so fragt es sich, ob hier Bestrafung eintreten kann. Denn nach obiger Definition der Aufforderung und des Er-

---

[1]) Sten. Ber.. III, S. 479.

[2]) Sten. Ber., II, S. 836, 838, 844, 851.

[3]) Olshausen, § 49a, No. 7; Witte a. a. O. S. 29f.; Geyer in H. H., IV., S. 154f.; Hälschner a. a. O. I., S. 409f.; Frank, § 49a, No. IV, 3.

bietens wäre derjenige, der nicht ernstlich zu einem Verbrechen auffordert oder sich zur Begehung eines solchen erbietet, straflos. Bewirkt nun die Straflosigkeit dieses auch etwa diejenige des Annehmenden, dem es mit der Annahme völlig Ernst war?

Wir besitzen über diese Fragen eine Reichsgerichtsentscheidung im I. Band der „Entscheidungen in Strafsachen“ S. 388ff. und wollen an der Hand dieser Entscheidung die Gründe prüfen, die dort zur Rechtfertigung der Ansicht des R.Gs. und der überwiegenden Majorität der Schriftsteller angeführt werden. Die herrschende Meinung nämlich lehrt: War das Erbieten selbst nicht ernst gemeint, so ist sogar eine ernst gemeinte Annahme straflos.[1])

Hierzu lesen wir zunächst in E. I. S. 339f.:

„Insbesondere macht der sich zur Begehung eines Verbrechens Erbietende durch seine Proposition sich einer Vorbereitungshandlung durch Hinwirken auf eine Willenseinigung schuldig, und da er zugleich die definitive Fassung seines verbrecherischen Entschlusses noch von der Einwilligung desjenigen, dem gegenüber er sich erbietet, abhängig macht, so liegt in der die Bedingung des definitiven Entschlusses erfüllenden Annahme des Erbietens das Moment einer den Willen bestimmenden Anstiftung. Daher erscheint nach dem Gedanken der Novelle bei dem Erbieten zum Verbrechen und der Annahme des Erbietens die definitive Bestimmung des Willens des sich Erbietenden zur Begehung des Verbrechens als das Wesentliche.“

Da ist es nun doch sogleich zum mindesten zweifelhaft, ob man in unserem Fall wirklich eine Anstiftung konstruieren kann. Anstiftung ist die vorsätzliche Bestimmung zu einer von einem anderen begangenen strafbaren Handlung. Daraus ergibt sich: den Vorsatz faßt zunächst der Bestimmende und teilt ihn dem anderen mit; infolge davon faßt dieser seinen Vorsatz zur Begehung des Verbrechens. Die Triebfeder des Ganzen ist also der Vorsatz des Anstifters. In unserem Fall dagegen geht

---

[1]) Frank, § 49a, No. IV, 3b; Olshausen, § 49a, No. 7; Oppenhoff, § 49a, No. 14; Witte a. a. O. S. 30; v. Liszt a. a. O. S. 557f.; E. I., S. 339ff.

der Entschluß von dem anderen aus; freilich ist dieser Entschluß nicht unbedingt gefaßt, sondern an eine Bedingung geknüpft. Der B hat also den Vorsatz: wenn der A die von mir gestellte Bedingung erfüllt, dann verübe ich jenes Verbrechen. Und zwar ist dieser Vorsatz ganz bestimmt und fest gefaßt, und nur seine Ausführung ist so lange hinausgeschoben, bis die Erfüllung der Bedingung durch den A eingetreten ist. Eventuell kann der B auch noch außerdem den Vorsatz haben, bei Nichterfüllung der Bedingung völlig von seinem Plan abzustehen. Ob man aber diese Erfüllung der von B gestellten Bedingung durch den A unter den gegebenen Umständen als Anstiftung bezeichnen kann, dürfte doch ziemlich bedenklich sein, da es sich ja nur um die Erfüllung einer von dem Verbrecher aus eigener Initiative gesetzten Bedingung handelt, nicht jedoch um die Bestimmung seines Willens. Nimmt der A das Erbieten an, so macht er vielleicht dem B die Ausführung seines Vorhabens möglich, wenn dieser sonst nicht gehandelt hätte, aber (von besonderen Ausnahmefällen abgesehen) wird man hierin wohl schwerlich eine Bestimmung des Willens des B erblicken können.

Indessen, wenn man dies auch als Anstiftung betrachten wollte, so ist dies doch keineswegs das Wesentliche für die Novelle. Denn ob derjenige, der das Erbieten annimmt, den andern in seinem Vorsatz bestärken will oder nicht, darauf legt sie gar kein Gewicht. Ihr kommt es nicht darauf an, was die Annahme für einen Erfolg bewirkt hat, ihr ist es völlig gleichgültig, ob der andere durch die Annahme zur Tat getrieben wird oder nicht; lediglich die kundgewordene rechtswidrige Absicht erklärt sie für strafbar im Gegensatz zu dem sonst im Str.G.B. festgehaltenen Grundsatz, daß immer nur die rechtswidrige Handlung strafbar sein kann. Wie sehr es der Novelle einzig und allein um diesen Gesichtspunkt zu tun ist, geht schon daraus hervor, daß sie selbst die nur bedingt kundgegebene rechtswidrige Absicht des sich Erbietenden unter Strafe stellt. Daher ist das Sicherbieten zur Begehung eines Verbrechens, folglich auch die Annahme eines solchen Erbietens, angesichts des § 49a keine Vorbereitungshandlung, sondern schon der vollständige Tatbestand dieses eigenartigen Delikts.[1])

Weiter heißt es in der Entscheidung auf S. 340:

„Darüber herrschte in allen Stadien der Beratung die vollkommenste Übereinstimmung der gesetzgebenden Faktoren, daß das Erbieten ernstlich gewesen sein müsse; ein nicht ernstlich gemeintes Erbieten solle unter die Strafdrohung nicht fallen. Aus diesem Grunde kann auch die Annahme eines nicht ernstlich gemeinten Erbietens nicht unter die Strafdrohung fallen. . ., da diejenige Annahme getroffen werden sollte, die den ernstlichen, aber bis dahin nur bedingt gefaßten Entschluß des sich Erbietenden durch die Erfüllung der in der Annahme bestehenden Bedingung zu einem unbedingten Entschlusse umwandelt, was nicht möglich ist, wenn von Anfang an der sich Erbietende das Verbrechen nicht begehen wollte, sondern durch das Vorgeben eines verbrecherischen Willens ganz andere Zwecke verfolgte."

Freilich ergibt sich aus der Erstehungsgeschichte des § 49a unzweifelhaft,[2]) daß das nicht ernstlich gemeinte Erbieten allerdings nicht strafbar ist. Aber damit ist noch nicht ohne weiteres gesagt, daß deshalb auch die (ernstliche) Annahme eines nicht ernstlich gemeinten Erbietens nicht unter die Strafdrohung falle, zumal wenn man bedenkt, wie oben gezeigt, daß der Gesetzgeber einzig und allein die kundgewordene rechtswidrige Absicht bestrafen will, also nur die „nackte Tatsache des Aufforderns, Erbietens und der Annahme, ohne jegliche Rücksicht auf irgend welchen Erfolg."[3])

Dagegen ist die Bemerkung des R.Gs., daß durch die Annahme des Erbietens der bedingt gefaßte Entschluß des sich Erbietenden in einen unbedingten verwandelt werden muß, ein wichtiger Punkt, der sehr für die Behauptung der herrschenden Lehre spricht, daß zur Bestrafung des ein Erbieten in ernster Absicht Annehmenden auch die Ernstlichkeit des Erbietens

---

[1]) Vgl. Reiffel in Ger. Saal. XXXXII, S. 177 und Hälschner a. a. O. I, S. 410f.

[2]) Vgl. E., I, S. 340f.

[3]) Reiffel a. a. O. S. 176.

gefordert werden muß.[1]) Fraglich ist nur, ob der Gesetzgeber hieran gedacht hat; der Wortlaut des Gesetzes dürfte hierfür kaum einen Anhalt bieten, ebensowenig wie die Verhandlungen im Reichstag.

Nachdem dann das R.G. auf Grund der Entstehungsgeschichte des § 49a, die oben schon kurz gestreift ist, gezeigt hat, daß die Ernstlichkeit zur Begründung der Strafbarkeit beim Auffordern und Sicherbieten verlangt werden muß, so folgert es hieraus: „nur derjenige sollte strafbar sein, der in der Absicht der Förderung des Verbrechens ein Erbieten annehme, welches mit der Absicht verbunden gewesen sei, im Fall der Annahme dem Erbieten gemäß zu handeln."

Darauf fährt er fort:[2])

„Auch der praktische Zweck des Gesetzes läßt diese Auslegung als die richtige erscheinen. Die Aufforderung zur Begehung eines Verbrechens ist gefährlich, weil nicht vorausgesehen werden kann, ob sie nicht die Annahme zur Folge haben werde; sie soll daher gestraft werden, auch wenn sie im konkreten Fall die Annahme nicht zur Folge hat. Aber die Annahme eines nicht ernst gemeinten, sondern nur simulierten Erbietens ist nicht gefährlich, weil der nur scheinbar sich Erbietende auch für den Fall der Annahme das Verbrechen nicht verüben wollte."

Es kommt jedoch gar nicht darauf an, ob in dem konkreten Fall eine Gefahr bestand oder nicht. Es ist bei dem Gefahrbegriff nur von Bedeutung, ob durch das Tun die Möglichkeit einer Verletzung des Objekts nahe liegt. Eine solche ist nun durch die ernstliche Annahme des Sicherbietens zur Begehung eines Verbrechens stets gegeben. Schon der Umstand, daß der Gedanke, ein Verbrechen (also das nach dem Str.G.B. schwerste Unrecht) begehen zu wollen, in dieser Weise gegenüber einem andern geäußert wird, ist gefährlich, und wenn nun dieser andere die von dem sich Erbietenden gemachte Bedingung annimmt, so wird die Gefahr noch gesteigert; dies selbst dann,

---

[1]) Derselben Ansicht: v. Liszt a. a. O. S. 558.

[2]) E., I, S. 341.

wenn er nur zum Scherze annahm, während der andere es für Ernst hielt. Umgekehrt wird die Gefahr auch herbeigeführt, wenn jemand das nicht ernst gemeinte Erbieten eines andern im Ernst annimmt und die von jenem gestellten Bedingungen zu erfüllen ernstlich verspricht. Denn oft kann es vorkommen, daß jemand zum Scherz einen Vorschlag zu einem Verbrechen macht, der, im Ernst angenommen, ihn dazu bestimmt, das Verbrechen hinterher doch zu begehen. Man braucht ja nur an einen ehrenwerten Mann zu denken, z. B. an einen kleinen Bauer, der scherzweise einem andern sich erbietet, einen Staatsmann zu ermorden. Der andere hält dies für Ernst und verspricht ihm die verlangten 10000 Mark Belohnung. In der nächsten Nacht brennt dem Bauer sein unversichertes Gehöft ab, und nun erinnert er sich jenes Gespräches vom vorigen Tag und entschließt sich, um sich durch jene Summe aus der Not zu helfen, jenes Verbrechen zu verüben. Also eine ernste Annahme ist schon als solche stets ein gefährliches Unternehmen, da man nie sicher voraussehen kann, welchen Eindruck sie auf den andern machen wird.

Wenn man irgend einen Menschen für unfähig halten sollte, ein Verbrechen zu begehen oder den Vorschlag zur Begehung eines solchen anzunehmen, so wäre es doch ein hoher Kirchenfürst. Und gerade das Erbieten Duchesnes an den Jesuitenprovinzial von Belgien und den Erzbischof von Paris war es, das das ganze Gesetz überhaupt entstehen ließ, ein Gesetz, das noch besonders auch den unter Strafe stellte, der eine Aufforderung oder ein Erbieten zur Begehung eines Verbrechens annehmen würde. Und an eine Gefahr im konkreten Fall, daß etwa jene Priester das Erbieten annehmen könnten, war doch nach menschlichem Ermessen kaum zu denken. Daß natürlich, wenn der sich Erbietende nicht im Ernst gehandelt, für diesen keine Strafe eintreten kann, versteht sich ganz von selbst; wird aber ein solches Erbieten im Ernst angenommen, dann entsteht eine Gefahr, denn dann hat sich der verbrecherische Wille des Annehmenden nach außen in einer ganz bestimmten, die allgemeine Sicherheit bedeutend gefährdenden Art kundgegeben, und der hierin liegenden Gefahr soll durch § 49a vorgebeugt werden. Auch hier ist wieder zu betonen, daß es zur Vervollständigung des Delikts des § 49a nicht des sträflichen Handelns eines Dritten bedarf. Was der Dritte infolge der Annahme tut, ist, strafrechtlich beurteilt, bei § 49a ganz unabhängig von dem Tun des andern zu betrachten.[1])

Darum führt das R.G. an andrer Stelle[2]) mit Recht aus, daß die strafbare Aufforderung zur Begehung eines Verbrechens vorlingen kann auch wenn das vermeintliche Objekt, an welchem das Verbrechen begangen werden sollte, gar nicht existiert. Hier wird also das Gefährliche in dem Vorgehen des Angeklagten darin gefunden, daß er ernstlich aufgefordert hat zur Begehung eines Verbrechens, wenn es auch in concreto unmöglich war, dasselbe zu begehen.

Sollte nicht auch das gleiche bei der Annahme der Fall sein? Das Gefährliche liegt hier in der Möglichkeit, daß der andere infolge der Annahme das Verbrechen begeht. Wie aber dort die Unmöglichkeit der Ausführung der Tat wegen Fehlens des Objekts, so kommt hier die Unmöglichkeit der Ausführung der Tat wegen Fehlens des Vorsatzes bei dem sich Erbietenden für die Strafbarkeit aus § 49a gar nicht in Betracht. In beiden Fällen liegt die Gefahr einzig und allein in dem verbrecherischen, wenn auch vergeblichen Bemühen, die Begehung von Verbrechen auf die in § 49a bezeichnete Weise zu fördern. Ob der Erfolg eingetreten ist, ob es überhaupt möglich war, daß er eintreten konnte, dies ist für § 49a völlig gleichgültig.

Auch in den Motiven des belgischen Gesetzes findet dieser Gedanke Ausdruck.[3]) Dort heißt es: „L'acceptation de la proposition n'est pas moins immorale que la proposition même; le danger qu'elle fait courir est plus imminent, il est donc juste qu'elle n'échappe pas à la répression.“ Die Motive weisen also ausdrücklich auf die Immoralität hin, die in der Annahme einer derartigen Aufforderung liegt, und dabei haben sie doch nur die Gesinnung des Annehmenden im Auge; und diese

---

[1]) Reiffel a. a. O. S. 177f.

[2]) R., VI, S. 535.

[3]) Reiffel a. a. O. S. 180.

ist ganz dieselbe, ob das Auffordern oder Erbieten, das der Annehmende für ernstlich hielt, es auch wirklich war oder nicht.

Das R.G. beruft sich endlich für seine Ansicht auf den Wortlaut des Gesetzes, indem es S. 342 ausführt: „Wie bei der Fassung der Kommission, so bezieht sich auch in dem angenommenen Gesetze der Satz: „„wer ein solches Erbieten annimmt"" auf den vorhergehenden Satz: „„wer sich zur Begehung eines Verbrechens erbietet"" wie das Referens auf das Relatum. Das Wort „„ein solches Erbieten"" verweist auf den vorhergehenden Satz als auf seine Erläuterung und Ergänzung; war also in letzterem ein ernstliches Erbieten verstanden, so kann im folgenden Satze auch nur ein „„solches"", ein ernstliches Erbieten, gemeint sein. Auch in diesem Punkte schließt sich das Gesetz genau an sein Vorbild, das belgische Gesetz, an, welches an der betreffenden Stelle sagt: quiconque aura accepté semblable proposition."

Lesen wir jene Stelle im § 49a unbefangen, so werden wir kaum dem Worte „solch" eine so weitgehende Bedeutung beimessen können, wie schon der korrespondierende Ausdruck „semblable" des belgischen Gesetzes zeigt, der korrekter mit „derartig" übersetzt worden wäre. Der Ausdruck: „wer ein solches Erbieten annimmt", bedeutet vielmehr, daß nicht die Annahme des Erbietens, irgend etwas oder etwas Strafbares zu tun unter Strafe gestellt werden sollte, sondern nur die Annahme eines Erbietens, ein Verbrechen gegen Entgelt . . . zu begehen. Der Ausdruck: „ein solches" bezieht sich also auf den Gegenstand des Erbietens, nicht auf das, was unverkennbar von außen etwa im Innern des anscheinend ernstlich sich Erbietenden vorgeht.[1])

Zu welchen Resultaten die Anschauung des R.Gs. kommen muß, mögen einige praktische Fälle zeigen, wie sie Reiffel im Ger. Saal XXXXII S. 182f. konstruiert, und die hier im Wortlaut angeführt werden mögen, weil sie klar beweisen, daß es nicht in der Absicht des Gesetzgebers gelegen haben kann, solche Fälle straflos zu lassen.

---

[1]) So Reiffel a. a. O. S. 181.

„A erscheint beim Staatsanwalt, um die Anzeige zu machen, daß der B ihn um 1000 Mark betrogen habe, und gibt an, letzterer sei zu ihm gekommen und habe sich erboten, gegen obige Summe die Scheune seines, des A, Todfeindes in der darauffolgenden Nacht anzuzünden, habe es aber nicht zur Ausführung gebracht, ihm auch das Geld nicht wieder zurückgegeben. Dem B gelingt es, in der Voruntersuchung nachzuweisen, daß er sich mit dem A nur hatte einen Scherz machen wollen, und auch, daß er die 1000 Mark, noch ehe Anzeige erfolgt war, einem Freund gegeben hatte, um sie dem A wieder zurückzuerstatten.

Es wird ferner nachgewiesen, daß A jene Nacht nicht in seinem Bette, wie gewöhnlich, sondern auf seinem Speicher verbracht habe, um sich an dem Feuer der brennenden Scheune zu ergötzen. Nach der Anschauung des R.Gs. läge hier keine strafbare Tat vor. Wäre es dem B nicht gelungen, den Nachweis zu führen, daß er das Geld sofort wieder zurückgegeben, vielmehr festgestellt worden, daß er es für sich verbraucht hätte, so müßte er auf Grund der eidlichen Zeugenaussagen des A wegen Betruges gestraft werden.

Die Motive hierzu würden ungefähr so lauten: Der Angeklagte hat in der Absicht, sich einen rechtswidrigen Vermögensvorteil zu verschaffen, in dem A durch die Vorspiegelung der falschen Tatsache, er werde in der darauffolgenden Nacht die Scheune seines, des A, Todfeindes anzünden, einen Irrtum erregt und diesen, der ihm die als Lohn für die Ausführung der Tat verlangten 1000 Mark vorausbezahlte, die der Angeklagte B, dem es mit der übernommenen Verpflichtung, die Scheune anzuzünden, nicht Ernst war, für sich behielt, um diesen Betrag an seinem Vermögen geschädigt.

Das lautet fast, als sei dem A durch B schweres Unrecht zugefügt worden, als habe dieser sein Vertrauen auf die schnödeste Weise mißbraucht. A erscheint als unschuldiges, bedauernswertes Opfer, indem er als beeidigter Zeuge vor Gericht darlegt, wie schändlich er von dem andern hintergangen wurde, während er doch nur infolge eigenen sträflichen Handelns, wofür er so gut wie der andere auf die Anklagebank gehörte, in die Falle geraten war. Seine Tat erscheint nicht minder schwer als die des andern.

Man denke sich nun den Fall, daß jemand einem ihm als verwegen bekannten Individuum, das sich ihm gegenüber erbietet, gegen Bezahlung von 20000 Mark einen diesem verhaßten Staatsmann zu töten, dieses Erbieten annehmend, gleich die Hälfte dieser Summe gibt und die andre Hälfte im Falle des Gelingens des Planes ihm nachzuzahlen verspricht.

Es wird nachgewiesen, daß das Erbieten gar nicht ernstlich gemeint war, der Strolch sich vielmehr nur Geld verschaffen wollte, aber weiter, daß er sich nachträglich doch entschlossen hat, das Verbrechen zu begehen, um so auch die zweite Hälfte des Geldes noch zu bekommen.

Soll nun der andre wegen der Hingabe der 10000 Mark straflos erscheinen und wegen des Versprechens der zweiten Hälfte bestraft werden?[1])

Wie oft mag es auch vorkommen, daß der mit dem Gelde Ertappte sagt, er habe sich lediglich ein Darlehen verschaffen, oder den Mann auf die Probe stellen wollen?

Kann er diesen Beweis, weil er ihn für den Fall der Entdeckung und Vereitelung des Planes sorgfältig vorbereitet hat, erbringen, so bliebe der, welcher ihm das Geld gegeben, straflos, so sehnsüchtig er auch auf das Telegramm wartet, das ihm das Gelingen der Tat verkündigt!“

Es lag also doch wohl höchst wahrscheinlich in der Absicht des Gesetzgebers, den ernsthaften verbrecherischen Willen, der sich in einer bestimmten Richtung geäußert hat, zu be-

[1]) Ob er deswegen bestraft werden kann, steht auch noch nicht außer allem Zweifel. Denn das eine ist sicher, daß er ein nicht ernstlich gemeintes Erbieten ernstlich angenommen hat. Wenn dann später infolge der Annahme der sich Erbietende den Entschluß zu dem Verbrechen faßt, so liegt deshalb noch immer nicht die Annahme eines Erbietens vor, das doch im Augenblick der Annahme ernstlich sein muß. Um dennoch zur Bestrafung zu gelangen, ist also nur möglich, die Annahme als Aufforderung aufzufassen; dies dürfte aber kaum angehen, da, wie wir oben gesehen, die Aufforderung ein Anstiftungsmittel ist, also den Vorsatz bei dem Anstifter voraussetzt, den Willen des anderen zu bestimmen. Ob dies hier vorliegt, dürfte, wie oben ausgeführt, zum mindesten bedenklich sein.

strafen, ohne Rücksicht auf den etwa zu erwartenden Erfolg,[1]) und die Gründe, die das R.G. für seine abweichende Ansicht anführt, dürften sich fast sämtlich kaum halten lassen. Dennoch neigen auch wir der herrschenden Ansicht zu, die behauptet, daß derjenige nicht strafbar ist, der ein von ihm für ernstlich gehaltenes, aber nicht ernst gemeintes Erbieten zur Begehung eines Verbrechens annimmt. Und zwar aus dem einfachen Grunde, weil der Wortlaut des Gesetzes für diese Ansicht spricht, und: nulla poena sine lege. Dabei darf man sich aber nicht, wie das R.G., an das Wörtchen „ein solches" halten, wie oben nachgewiesen, sondern wir legen den Nachdruck auf die Worte: „wer eine solche Aufforderung, wer ein solches Erbieten annimmt". Daß die Aufforderung, daß das Erbieten des § 49a, um strafbar zu sein, ernstlich gemeint sein muß, haben wir schon gesehen; wenn nun in diesen eben angeführten Sätzen auch eine nicht ernstliche Aufforderung, ein nicht ernstliches Erbieten gemeint sein sollte, so hätte der Ausdruck in ein und demselben Paragraphen ohne äußeres Anzeichen eine ganz verschiedene Bedeutung, und die kann man doch ohne zwingenden Grund nicht annehmen. Wir müssen also aus dem ersten Ausdruck folgern, daß ein nicht ernstlich gemeintes Auffordern oder Erbieten überhaupt kein „Auffordern" oder „Erbieten" im Sinn des § 49a ist; daher ist auch ein Eingehen darauf keine „Annahme einer Aufforderung", keine „Annahme eines Erbietens". Also mangelt ein Begriffsmerkmal des objektiven Tatbestandes, folglich muß Straflosigkeit eintreten.[2])

Der Gesetzgeber ist sich eben nicht völlig klar darüber gewesen, daß er in § 49a ein ganz eigenartiges Delikt aufstellt, hat vor allem nicht erkannt, daß er hier, abweichend von dem sonst befolgten Grundsatz, einmal den bloßen, in bestimmter Richtung geäußerten Willen bestraft, ohne Rücksicht auf den etwa eintretenden Erfolg. So kommt es, daß er, obgleich es höchst wahrscheinlich in seiner Absicht lag, die ernstliche Annahme auch eines nicht ernstlich gemeinten Erbietens zu be-

---

[1]) Vgl. Hälschner a. a. O. I., S. 410.

[2]) Witte a. a. O. S. 30; Oppenhoff, § 49a, No. 14; Olshausen, § 49a, No. 7.

bestrafen, doch dem Gesetze einen solchen Wortlaut gegeben hat, der eine Deutung in diesem Sinne unmöglich macht.

Wir können also unsere Meinung, der Reichsgerichtsentscheidung folgend, dahin kurz zusammenfassen: „Die Annahme eines nicht ernstlich gemeinten, aber für ernstlich gehaltenen Erbietens ist vor der Moral ohne Zweifel nicht weniger verwerflich als die Annahme eines ernstlichen Erbietens“, und vielleicht hat auch der Gesetzgeber die Absicht gehabt, ebenfalls diesen Fall mit seiner Strafdrohung zu treffen. „Indessen kann die moralische Würdigung nicht den Ausschlag geben, wo die juristischen Unterlagen der Interpretation bekannt und gegeben sind“. Diese lassen aber eine andere Deutung als die oben angeführte nicht zu.

*
* *

Vergleichen wir § 49a mit den anderen Paragraphen des Allgemeinen Teils, so ergibt sich ein wichtiger Unterschied. Alle jene Paragraphen nämlich, wie z. B. diejenigen, die den Versuch, die Teilnahme, die Strafen, die Strafausschließungsgründe regeln, setzen zu ihrer Anwendbarkeit notwendig die eines Paragraphen des Besonderen Teils voraus. Eine nach dem Besonderen Teil strafbare Handlung muß also vorliegen, wenn jene allgemeinen Vorschriften Geltung empfangen sollen; ein Versuch z. B. ohne die Begehung eines Verbrechens oder Vergehens ist undenkbar. Wir folgern: Die Paragraphen des Allgemeinen Teils für sich sind völlig unselbständig, praktisch völlig bedeutungslos; um in einem Falle angewendet zu werden, muß vielmehr auch die Anwendbarkeit eines Paragraphen des Besonderen Teils gegeben sein. Dies ist aber gerade bei § 49a nicht der Fall, dieser trägt im Gegenteil seine Bedeutung in sich selbst, er braucht keine Paragraphen des Besonderen Teils, um in Geltung zu treten, er stellt eben selbst ein solches besonderes Delikt dar. Damit hört er jedoch auf, ein Paragraph des *Allgemeinen* Teils zu sein; denn allgemeine Geltung, die für alle Paragraphen des Besonderen Teils in Betracht kommen könnte, hat er ja nicht, sondern bedroht vier delicta propria mit Strafe. Folglich muß er in systematischer Beziehung in den Besonderen Teil verwiesen werden.

* * *

Fragen wir uns jetzt am Schlusse dieses Abschnitts, welche Stellung § 49a im System des Allgemeinen Teils einnimmt, so kann die Antwort in Übereinstimmung mit der herrschenden Lehre nur dahin lauten: er darf überhaupt keinen Platz im Allgemeinen Teil finden. Denn

1. stellt er keine Unterart der Anstiftung dar, darf sich also im System auch nicht an diese anschließen. Weiter bildet

2. die Aufforderung des § 49a keine Teilnahmehandlung, rechtfertigt daher nicht die Aufnahme dieses Paragraphen in den Abschnitt „Teilnahme". Und endlich

3. hat er überhaupt keinen allgemeinen Charakter, da er tatsächlich nur für einzelne besondere Fälle Spezialbestimmungen trifft.

II. Teil.

§ 9.

Nachdem wir so gesehen, welche Stellung § 49a im System des Allgemeinen Teils, insbesondere gegenüber der Teilnahme einnimmt, wenden wir uns nun seiner Stellung im Besonderen Teil zu.

Die Motive erklären ausdrücklich,[1]) daß „die Vorschrift des § 49a nur dann Platz greife, wenn die Aufforderung zur Begehung eines Verbrechens oder zur Teilnahme an einem solchen mißlungen oder erfolglos geblieben ist, also zessiert, wenn der Aufgeforderte das Verbrechen versucht oder vollendet hat, oder wenn die Beihülfe zu dem (versuchten oder vollendeten) Verbrechen geleistet ist". Nun gibt es aber eine ganze Reihe von Bestimmungen im Besonderen Teil, die gleichfalls die mißlungene oder erfolglose Aufforderung zur Begehung eines Verbrechens als solche bestrafen, und es fragt sich, wie § 49a sich zu diesen Spezialbestimmungen verhält.

An und für sich sind dies schon Abweichungen von dem im Str.G.B. herrschenden Prinzip der Straflosigkeit der sog. versuchten Anstiftung; zu diesen Ausnahmen gesellt sich nun § 49a als eine Vorschrift, der noch dazu vom Gesetzgeber allgemeine Geltung zugeschrieben worden ist. Daß hierdurch das System des Str.G.Bs. an Klarheit nicht gewonnen haben kann, liegt auf der Hand; diese wird nun aber noch mehr verwirrt durch den angedrohten Strafrahmen, der den schon be-

---

[1]) Sten. Ber., III, No. 54, S. 181.

stehenden Ausnahmebestimmungen gegenüber zu manchen Bedenken Anlaß geben muß.

Es handelt sich zunächst um die Bestrafung der öffentlichen Aufforderung in den §§ 85, 110—112, nämlich die Bestrafung der öffentlichen Aufforderung zum Hochverrat und zum Ungehorsam gegen die Gesetze.

Als eine besondere Ausnahme von der Regel der Straflosigkeit der sog. versuchten Anstiftung stellt sich ferner § 159 dar, die unternommene Verleitung zur Begehung eines Meineids.

In allen diesen Fällen nimmt die herrschende Lehre Spezialität dieser Paragraphen gegenüber § 49a an,[1]) während sie zwischen § 333 und § 49a Idealkonkurrenz als vorliegend erachtet, indem sie mit dem R.G.[2]) etwa folgendermaßen argumentiert:

„Gesetzeskonkurrenz kann nur da eintreten, wo die Tatbestände zweier Paragraphen sich decken.[3]) Dies ist der Fall

[1]) Olshausen, § 49a. No. 19; Oppenhoff, § 49a, No. 2; Rüdorff-Stenglein, § 49a, No. 2; E., III, S. 390; IX, S. 261; XII, S. 54.

[2]) Vgl. E., IX, S. 263; XII, S. 56.

[3]) „Die Tatbestände decken sich" oder „Gleichheit der Tatbestände" sind Schlagwörter, mit denen die herrschende Lehre bei der Gesetzeskonkurrenz gewöhnlich operiert. Der Ausdruck „Gleichheit der Tatbestände" ist ziemlich unglücklich gewählt. Denn zwei im Gesetze mit Strafe bedrohte Tatbestände dürfen vernünftigerweise nie völlig gleich sein, sonst würde ja leicht dieselbe Straftat nach verschiedenen Paragraphen, die dieselben Tatbestandsmerkmale enthalten, mit verschiedener Strafe bedroht sein können. Und auch der Ausdruck „Die Tatbestände decken sich" ist mit Vorbehalt zu verstehen. Denn deckten sie sich wirklich, dann hätten wir wieder dieselbe Schwierigkeit wie oben, daß dieselbe Tat als gleicher gesetzlicher Tatbestand zweimal im Gesetz bestraft ist. Man kann daher diese Wendung nur so verstehen, daß man sagt: Die Tatbestandsmerkmale des einen Tatbestandes decken diejenigen des andere vollständig, oder genauer: Ein Tatbestandsmerkmal des einen Paragraphen korrespondiert immer einem gleichen des anderen Paragraphen; nur findet sich in dem einen Paragraphen ein besonderes Merkmal, das gegenüber dem entsprechenden Merkmal des anderen spezieller ist, das also das Anwendungsgebiet dieses Paragraphen gegenüber dem des anderen in dieser Beziehung verringert, z. B. der Mord am Landesherrn gegenüber dem einfachen Mord. Dann deckt in diesem Sinne der weitere Paragraph den engeren, d. h. das Anwendungsgebiet des engeren fällt vollständig in das des weiteren Paragraphen. Wir würden daher lieber von einem „Umfaßt-

bei §§ 49a und 85, 110—112, 159. Hier handelt es sich um besondere Delikte, und sobald eine solche spezielle Aufforderung in Frage steht, kann von der Anwendbarkeit des die Aufforderung zu irgend welchem Verbrechen im allgemeinen mit Strafe bedrohenden § 49a keine Rede mehr sein. Dies trifft nun aber nicht zu bei § 49a und § 333, denn die Tatbestände beider Paragraphen decken sich nicht. Es handelt sich ja in § 49a um die Aufforderung zu einem Verbrechen, in § 333 um die Verletzung der Amts- oder Dienstpflicht. Nun begründet aber nicht jede Verletzung der Amts- oder Dienstpflicht ein Verbrechen, und umgekehrt enthält nicht jedes von einem Beamten begangene Verbrechen eine Verletzung der Amts- oder Dienstpflicht. Liegt eine solche vor, so kann sie 1. disziplinar- oder 2. strafrechtlich geahndet werden, und in dem letzten Fall muß sie sich entweder als Verbrechen oder Vergehen oder Übertretung darstellen. Welche von diesen Möglichkeiten aber im konkreten Fall vorliegt, darauf kommt es dem Gesetzgeber gar nicht an; ausschlaggebend ist nur, ob eine Verletzung der Amts- oder Dienstpflicht als solche überhaupt gegeben ist. Der Versuch, die pflichtgemäße Amtsausübung durch den Angriff auf die Integrität des Beamten zu beeinträchtigen, soll bestraft werden, und eben weil es für den Tatbestand des § 333 völlig gleichgültig ist, ob sich der Beamte durch Verletzung seiner Amtspflicht überdies einer Straftat schuldig macht, wurde die in der Aufforderung eines Beamten etwa auch in der Richtung auf Verübung der Straftat liegende Beeinflussung desselben im § 333 nicht besonders berücksichtigt, sondern im Einklange mit dem allgemeinen Prinzip des Str.G.Bs., die erfolglose Anstiftung zu einer Straftat straflos zu lassen, gleichfalls nicht unter Strafe gestellt. Sofern daher vor Inkrafttreten des § 49a in der Aufforderung eines Beamten zur Verletzung seiner Amtspflicht zugleich die Aufforderung zur Begehung eines Verbrechens zu finden war, erschien dieser rechtliche Gesichtspunkt nicht als eine besondere Gesetzes-

werden" des einen Paragraphen durch den anderen sprechen. Um aber nicht Verwirrung anzurichten, behalten wir, soweit es sich um die herrschende Lehre handelt, die bisher angewandte Terminologie bei.

verletzung, aber nicht etwa deshalb, weil er in der Aufforderung zur Verletzung der Amtspflicht aufgegangen und von dieser tatbestandlich absorbiert worden wäre, sondern weil er überhaupt nach dem damaligen Stande der Gesetzgebung, von welchem § 333 nicht abweichen wollte, straflos erschien. Daher ist die in der Aufforderung zur Unterlassung der Anzeige neben der Aufforderung, die beschworene Amtspflicht zu verletzen, notwendig zugleich enthaltene Aufforderung, das Verbrechen des § 346 zu begehen, ein für die Anwendbarkeit des § 333 überflüssiger Gesichtspunkt, der kein Tatbestandsmerkmal des § 333, wohl aber ein solches des § 49a ist. Also decken sich die beiden Tatbestände nicht, und daher kann von einem Ausschluß des einen Gesetzes durch das andere keine Rede sein. Folglich treten beide in Idealkonkurrenz."

§ 10.

Das Hauptargument, das das R.G. für die Idealkonkurrenz von § 333 und § 49a anführt, ist dies, daß die Gleichheit des Tatbestandes in beiden Fällen nur eine zufällige ist,[1]) keine, die in den Tatbestandsmerkmalen selbst begründet wäre. Das R.G. stützt sich also vor allem auf den Wortlaut, indem es behauptet: „Verletzung der Amts- oder Dienstpflicht" und „Verbrechen" sei nicht identisch. Zweifellos hat es hierin auch vollkommen recht; denn der Begriff der Verletzung der Amts- oder Dienstpflicht ist einerseits weiter, indem er (abgesehen von den Disziplinarvergehen) noch außerdem Übertretungen und Vergehen umfaßt; andrerseits beschränkt er aber auch wieder das Anwendungsgebiet des § 333, indem er nicht alle Vergehen umfaßt, sondern nur die Amtsdelikte.

Folglich kann man der Ansicht des R.Gs. völlig zustimmen, daß die Tatbestände der §§ 49a und 333 sich nicht decken. Demgegenüber behauptet jedoch das R.G., daß dies gerade der Fall sei bei § 49a einerseits und §§ 85, 111 und 159 andrerseits, in denen Gleichheit des Tatbestandes vorliege, und daß

3) Rüdorff-Stenglein, § 49a, No. 3.

daher zwischen diesen Paragraphen das Verhältnis der Spezialität obwalte.

Dies dürfte vielleicht zutreffen bei § 85, der von der öffentlichen Aufforderung zum Hochverrat handelt, während § 49a allgemein jede beliebige Aufforderung zu einem Verbrechen bestraft. Wir hätten also in § 85 die qualifizierenden Tatbestandsmerkmale

1. der Öffentlichkeit der Aufforderung und
2. des Hochverrats als eines besonderen Verbrechens. Hiernach wäre § 85 ein Spezialfall von § 49a.

Vergleichen wir nun aber § 111 mit § 49a, so setzt jener die öffentliche Aufforderung zur Begehung einer strafbaren Handlung voraus. Diese „strafbare Handlung" stellt sich dar entweder als Verbrechen oder Vergehen oder Übertretung. Daraus ergibt sich, daß der Begriff der „strafbaren Handlung" weiter ist als der des „Verbrechens" in § 49a. Umgekehrt ist aber der Begriff der „öffentlichen Aufforderung" enger als der der „Aufforderung". Wie also das Anwendungsgebiet von § 333, so ist auch das von § 111 gegenüber dem von § 49a zum Teil weiter, zum Teil aber auch enger. Beide Paragraphen haben neben denselben Tatbestandsmerkmalen auch andere, die den Geltungsbereich des betreffenden Paragraphen dem des § 49a gegenüber teils erweitern, teils verringern. So ergibt sich klar, daß beide Paragraphen, § 333 und § 111, in demselben Verhältnis zu § 49a stehen, und daß es daher nicht angehen kann, dies in dem einen Fall als Spezialität, in dem andern als Idealkonkurrenz zu bezeichnen.

Dasselbe Resultat gewinnen wir bei § 159. Auch dieser Paragraph ist einerseits enger als § 49a, indem er von allen Verbrechen nur den Meineid ins Auge faßt, andrerseits aber auch weiter, indem er nicht ein „Auffordern" verlangt, sondern schon jede unternommene Verleitung für ausreichend ansieht, ein Begriff, der weit über den des „Aufforderns" hinausgeht.[1])

In § 111 liegt also die Beschränkung dieses Paragraphen

---

[1]) Goltdammer: Archiv, XXVIII, S. 230.

gegenüber § 49a in der Aufforderung, für die die Öffentlichkeit verlangt wird, in den §§ 159 und 333 in dem Ziel der Aufforderung, das in einem bestimmten Verbrechen besteht, sei es der Meineid, oder sei es das Amtsverbrechen. Andrerseits erfährt § 333 und § 111 eine Erweiterung gegenüber § 49a dadurch, daß beide auch die Aufforderung zu Übertretungen und Vergehen bestrafen, und § 159 dadurch, daß er den Begriff der „Aufforderung" ausdehnt bis zu dem vagen Ausdruck der „unternommenen Verleitung". Das Verhältnis von § 49a zu §§ 333, 111, 159 kann man also in gleicher Weise graphisch durch zwei sich schneidende Kreise darstellen, und daraus ergibt sich zur Evidenz, daß die herrschende Lehre unrecht hat, wenn sie unter diesen Paragraphen eine andere Behandlung eintreten läßt. Denn entweder sie sind sämtlich Spezialfälle von § 49a, oder sie treten sämtlich mit ihm in Idealkonkurrenz; eine Trennung in dieser Beziehung ist unhaltbar.

Die Annahme der Spezialität, also einer Gesetzeskonkurrenz, ist nun aber deshalb abzulehnen, weil die Tatbestände sich nicht decken; es bleibt daher nur noch die Möglichkeit einer Idealkonkurrenz übrig. Mit dieser stände jedoch die Klausel des § 49a, „soweit nicht das Gesetz eine andere Strafe androht", in schroffem Widerspruch. Denn sie schlösse die Anwendbarkeit des § 73 vollkommen aus, und damit hätte die Lehre von der Idealkonkurrenz als solche überhaupt keine Bedeutung mehr; denn diese basiert nach der herrschenden Meinung gerade auf § 73. Wäre nun in unserem Fall dessen Anwendbarkeit durch jene Klausel unmöglich gemacht, so könnte man auch nicht mehr von Idealkonkurrenz im Sinn der herrschenden Lehre sprechen.

So führt denn also auf diese Weise kein Weg zum Ziel, und daher behauptet eine Minderheit von Schriftstellern, es läge in diesen Fällen weder Idealkonkurrenz vor noch das Verhältnis der Spezialität, sondern Subsidiarität, da ja § 49a ausdrücklich erkläre, er wolle nur insoweit Anwendung finden, als das Gesetz nicht eine andre Strafe androhe; daher könne mit keinem andern Delikt, das eine Aufforderung zur

Begehung eines Verbrechens darstelle, eine Konkurrenz stattfinden.[1])

§ 11.

Alle Schriftsteller halten im Grunde an der Unterscheidung von Gesetzeskonkurrenz und Idealkonkurrenz fest und sind auch über die wesentlichen Unterschiede zwischen beiden vollkommen einig. Und dennoch kommen sie, wie wir eben gesehen, bei Anwendung dieser Begriffe zu ganz verschiedenen Resultaten; nicht nur behaupten sie das Vorliegen von verschiedenen Spezialfällen derselben Gruppe, wie die einen das Vorliegen der Spezialität, die andern das der Subsidiarität, beides Unterfälle der Gesetzeskonkurrenz (so bezüglich der §§ 85, 111, 159), sondern sie sind auch nicht einmal darüber einer Meinung, ob das vorliegende Verhältnis unter diese oder jene Hauptgruppe fällt, in dem die einen Idealkonkurrenz, die andern Gesetzeskonkurrenz, nämlich Subsidiarität, annehmen (so bezüglich des § 333). Unsere nächste Aufgabe muß es daher sein, einmal zu untersuchen, zu welchen Resultaten die herrschende Lehre in unsern Fällen bei konsequenter Anwendung ihrer Begriffe kommen müßte, und dazu haben wir im allgemeinen die Merkmale der Idealkonkurrenz, der Spezialität und der Subsidiarität nach der herrschenden Ansicht darzulegen.

Ist eine strafbare Handlung begangen, so kann ein Strafgesetz den Fall ausschließlich beherrschen, so daß die Anwendung mehrerer Strafgesetze unrichtig sein würde. Es kann aber auch möglich sein, daß kein Gesetz den Tatbestand ausschließlich berücksichtigt, daß man daher zweifelhaft sein kann, welches Gesetz Anwendung zu finden hat. Nur diesen zweiten Fall behandelt § 73, wenn er von der Verletzung mehrerer Strafgesetze durch ein und dieselbe Handlung spricht. „Das Erfordernis für § 73 ist sonach, daß der einen Handlung erst

---

[1]) z. B. Binding: Hdb., 1885, I, S. 356, No. 4; Frank, § 49a, No. II; Köhler: Grenzlinien zwischen Idealkonkurrenz und Gesetzeskonkurrenz, S. 68; Meyer, a. a. O., S. 653, N. 33; Hälschner, a. a. O., II, S. 1016; Reiffel, a. a. O., S. 193f.

die Anwendung mehrerer Strafgesetze, welche in den begrifflichen Merkmalen des ihren Gegenstand bildenden Rechtes sich nicht decken, voll gerecht wird.[1]) In diesen Fällen spricht die herrschende Lehre von „idealer Verbrechenskonkurrenz“, indem sie aus der Verletzung mehrerer Gesetze folgert, daß auch mehrere Verbrechen begangen sind, daß also, nach der Auffassung des Gesetzgebers, sich die „Verletzung mehrerer Strafgesetze“ mit dem Begriff „Verbrechensmehrheit“ deckt.

Gegen diese Auffassung wenden sich nun zwar zahlreiche Schriftsteller,[2]) indem sie leugnen, daß durch eine Handlung mehrere Verbrechen begangen werden könnten. In Wirklichkeit dürfte aber der Gegensatz doch nicht so tief sein, wie ihn die einzelnen Schriftsteller aufzufassen scheinen. Denn auch die herrschende Lehre gibt zu, daß die Gleichstellung der Begriffe „Verletzung mehrerer Strafgesetze“ und „Verbrechensmehrheit“ innerlich nicht gerechtfertigt ist.[3]) Und in der Tat handelt es sich denn auch nur darum, daß durch eine Handlung die Tatbestände mehrerer Strafgesetze erfüllt werden, so daß also eigentlich nicht verschiedene Verbrechen (Verbrechen = Handlung), sondern vielmehr verschiedene Verbrechensbegriffe (z. B. Ehebruch, Blutschande, Notzucht), verschiedene Tatbestände miteinander konkurrieren.[4])

---

[1]) Olshausen, § 73, No. 15.

[2]) So v. Liszt a. a. O. S. 223; Hiller in Ger. Saal, XXXII, S. 195 ff. Heinemann: Die Lehre von der Idealkonkurrenz, 1893; Wachenfeld: Theorie der Verbrechenskonkurrenz.

[3]) Olshausen, § 73, No. 11.

[4]) Bisweilen sprechen die Schriftsteller selbst von einer Konkurrenz von gesetzlichen Tatbeständen und setzen „Tatbestand“ mit „Verbrechensbegriff“ völlig gleich. So z. B. Köhler a. a. O. S. 42: „Bei der Idealkonkurrenz und der Realkonkurrenz besteht die Konkurrenz der mehreren gesetzlichen Tatbestände nicht bloß im gleichzeitigen Vorliegen, im gleichzeitigen Sichpräsentieren zur Anwendung, sondern in der gleichzeitig, wirklich notwendigen Subsumtion, in der gleichzeitig notwendigen (d. h. verlangten) Anwendung der Verbrechensbegriffe. [Anm. 1: Eine davon zu unterscheidende Frage ist, ob die gleichzeitige Anwendung der mehreren Verbrechensbegriffe (der mehreren gesetzlichen Tatbestände) auch eine gleichzeitige Anwendung ihrer Strafsanktion zur Folge hat. Dies wird für die Idealkonkurrenz durch § 73 regelmäßig ver-

Praktisch genommen also konkurrieren doch die einzelnen Strafgesetze, obwohl die herrschende Lehre dies nicht zugeben will. Denn um diese Konkurrenz festzustellen, vergleicht man ja nicht die Verbrechen (als Handlungen) miteinander, sondern die Verbrechensbegriffe, wie sie die einzelnen Paragraphen aufstellen, folglich eigentlich diese Paragraphen selbst. Man erklärt daher auch ganz ruhig Idealkonkurrenz als vorliegend bei Ungleichheit des Tatbestandes, d. h. wenn zwei Paragraphen Tatbestände aufweisen, die sich zum Teil decken, deren jeder aber zum andern Teil über den Tatbestand des andern hinausgeht. Wir werden also, da für unsere Zwecke nur diese Seite der Konkurrenz in Betracht kommt und es sich im wesentlichen doch nur um einen terminologischen Streit handelt, auch bei der Idealkonkurrenz von einer Konkurrenz von Gesetzen sprechen.

Dem Begriff der Idealkonkurrenz stellt die herrschende Lehre den der Gesetzeskonkurrenz gegenüber, die dann vorliegt, „wenn zwar ein Gesetz ausschließlich die begangene Tat beherrscht, aber wenn doch dem Richter sich bei der Beurteilung jener Handlung mehrere Gesetze zur Auswahl darbieten“.[1] Und hier erhebt sich die Frage, welches der eventuell anzuwendenden Gesetze nach der Intention des Gesetzgebers

---

neint. Begangen sind also die beiden (oder mehreren) Verbrechen, aber nur mit der Strafe des einen Verbrechens wird gestraft.] Man kann auch sagen, jede Anwendung eines Verbrechensbegriffes auf ein konkretes Ereignis (im Sinne von Handlung) setze eine Begehung des betreffenden Verbrechens voraus. Daraus folgt: so viele Verbrechen als Anwendungsnotwendigkeiten. Faßt man die Begriffe in dieser Weise, so ergibt sich ohne weiteres die formelle Richtigkeit des Satzes, daß Idealkonkurrenz und Realkonkurrenz wirkliche Verbrechenskonkurrenz darstellen.“ — Hält man an diesem, vielleicht formell richtigen, theoretischen Satz fest und geht den umgekehrten Weg zurück zu der Frage, wie man sich im konkreten Fall eine solche Konkurrenz vorstellt, so ergibt sich aus dieser eben angeführten Beweisführung zur Evidenz, daß, praktisch genommen, doch Gesetzeskonkurrenz vorliegt. Denn „Verbrechen“ ist hier gleich „Verbrechensbegriff“ oder „gesetzlicher Tatbestand“, der seine Anwendung auf die Handlung verlangt. Das ist aber genau dasselbe, als wenn man sagt, die einzelnen Paragraphen wollen auf diesen konkreten Fall angewendet werden, konkurrieren also in ihrer Forderung.

[1]) Olshausen, § 73, No. 12.

hinter dem anderen zurücktreten, welches Gesetz ausschließlich Anwendung finden soll.

Hier kann unter Umständen der Grundsatz die Lösung bringen: in omni iure species generi derogat (l. 41 D. 48. 19) oder, wie man allgemein sagt: lex specialis legi generali derogat, d. h. „wenn die mehreren Strafgesetze denselben Tatbestand aufstellen und sich nur dadurch unterscheiden, daß das eine Gesetz eins oder mehrere der Begriffsmerkmale des anderen in engerer Begrenzung und speziellerer Gestaltung enthält“,[1]) m. a. W., „wenn aus dem normalen Deliktstatbestande ein Kreis von Fällen ausgesondert und zum delictum sui generis gemacht wird“;[2]) so ist nach dem spezielleren Gesetze zu strafen. „So gegenüber dem einfachen Tatbestande

1. der qualifizierte oder privilegierte Tatbestand, und

2. der durch Hinzutritt eines, nicht als straferhöhenden oder strafmindernden Umstand sich darstellenden Momentes gebildete Tatbestand.“[3]) Dies Verhältnis bezeichnet man als Spezialität.

Den zweiten Grundtypus der Gesetzeskonkurrenz bildet, neben der Spezialität, die Subsidiarität[4]), die dann vorliegen soll, „wenn zwei Strafgesetze, die teilweise dieselben oder aber zwei einander ergänzende Tatbestände bedrohen, nicht im Verhältnis von lex generalis und lex specialis stehen, und dennoch das eine stets nur Anwendung finden will, falls das andere nicht Anwendung findet“.[5])

Will man die Unterscheidungsmerkmale zwischen Spezialität und Subsidiarität feststellen, so kann man vielleicht mit Köhler sagen[6]): „Die Unterscheidung von Spezialität und Subsidiarität hat einen gewissen Einfluß auf das Verhältnis der Strafrahmen mehrerer in Gesetzeskonkurrenz stehender Tat-

[1]) E., XIV, S. 386.

[2]) Frank, § 73, No. VII, 2a.

[3]) Olshausen, § 73, No. 12.

[4]) Köhler a. a. O. S. 59.

[5]) Binding: Hdb., I, S. 355.

[6]) Köhler a. a. O. S. 63.

bestände".[1]) Bei der Spezialität ist das Vorhandensein des Normalfalls, des weiteren Tatbestandes, bis zur Höhe des Strafrahmens des engeren Tatbestandes als mitberücksichtigt anzusehen, d. h. die zum allgemeinen Tatbestand hinzutretenden qualifizierenden oder privilegierenden Merkmale des engeren Tatbestandes erhöhen oder vermindern die nämliche sanctio poenalis". Man sagt z. B., die Strafe, die § 242 für den gewöhnlichen Diebstahl festsetzt, ist zu gering, wenn es sich um einen Einbruchsdiebstahl, einen Postdiebstahl . . . . . handelt. Daher muß für diese Fälle eine höhere Strafe festgesetzt werden, und dies geschieht durch § 243. „Bei der Subsidiarität bildet dagegen das Vorhandensein des weiteren Tatbestandes nicht die Grundlage für die sanctio poenalis des engeren Tatbestandes. Der Strafrahmen des primären engeren Tatbestandes wird nicht als nach Relation mit dem Strafrahmen des weiteren Tatbestandes aufgestellt angesehen." Wir vergegenwärtigen uns, daß der Gesetzgeber, wenn er ein sog. subsidiäres Gesetz gibt, andere Gesetze im Auge hat, die einen besonderen, eigentlich unter das neue Gesetz fallenden Tatbestand bedrohen. Für diese schon bestehenden Fälle hat er bereits eigene verschiedene Strafrahmen in den einzelnen Paragraphen aufgestellt, für sie kann daher der Strafrahmen des neuen, subsidiären Gesetzes nicht als Grundlage dienen. „Kurz gesagt: Bei dem Verhältnis der Spezialität wird der engere Tatbestand hinsichtlich seines Strafrahmens als abgeleitet von dem weiteren Tatbestand gedacht, bei dem Verhältnis der Subsidiarität dagegen ist eher umgekehrt der Strafrahmen des weiteren Tatbestandes als abgeleitet von dem Strafrahmen der engeren Tatbestände zu denken."

§ 12.

Wenden wir diese Begriffe konsequent auf unseren Fall an, so bekommen wir zunächst Spezialität zwischen § 49a

[1]) Auch hier spricht Köhler genau so wie oben von Konkurrenz der Tatbestände, obwohl nach der herrschenden Lehre es sich hier um eine wirkliche Gesetzeskonkurrenz handelt. Tatbestand und Gesetz wird also in der Bedeutung völlig gleichgestellt.

und § 85. Denn § 85 ist ein Spezialfall des § 49a, indem er von den verschiedenen Möglichkeiten der Aufforderung die öffentliche Aufforderung unter besondere Strafe stellt und von den verschiedenen Verbrechen den Hochverrat herausgreift. Indessen ganz ohne Zweifel ist diese Entscheidung doch nicht, denn es ist höchst fraglich, ob der Strafrahmen dieses Paragraphen aus § 49a abgeleitet ist, zumal § 49a viel später entstand als § 85. Eher könnte man nach der zeitlichen Folge umgekehrt den Strafrahmen des § 49a als abgeleitet aus dem Strafrahmen des § 85 bezeichnen. Dann würde aber nun wieder nach der herrschenden Lehre nicht Spezialität, sondern Subsidiarität vorliegen. Bedenklich bleibt also die Annahme der Spezialität im Sinn der herrschenden Lehre bei § 85 trotzdem.

Was weiter die §§ 111, 159 und 333 angeht, so stellen sie, wie schon oben gezeigt, sämtlich Tatbestände dar, die sich zum Teil mit dem des § 49a decken, zum Teil aber auch über diesen hinausgehen. Sie würden also alle, konsequent gedacht, typische Fälle für die Idealkonkurrenz bilden, die herrschende Lehre müßte folglich diese als vorliegend erachten. Sie bezeichnet aber im Gegenteil das Verhältnis zwischen §§ 85, 111, 159 einerseits und § 49a andererseits als Spezialität, also als Gesetzeskonkurrenz, während sie doch konsequent zwischen §§ 111, 159 und 333 einerseits und § 49a andererseits zweifellos Idealkonkurrenz, zwischen § 85 und § 49a Gesetzeskonkurrenz annehmen müßte, ob freilich Spezialität oder Subsidiarität, das kann dahingestellt bleiben; wir würden im Sinn der herrschenden Lehre das Verhältnis der Subsidiarität für vorliegend erachten. Mit dem Zusatz: „soweit nicht das Gesetz eine andere Strafe androht", der sie bei ihrer Entscheidung vielleicht etwas hätte beeinflussen können, findet die herrschende Lehre sich ganz einfach dadurch ab, daß sie behauptet, er habe nur die Bedeutung, daß er die Gesetzeskonkurrenz, also hier Spezialität, zwischen § 49a und anderen Paragraphen ausschließt, dagegen Idealkonkurrenz zuläßt. Dann wäre jene Klausel aber völlig unnötig; denn die Spezialität setzt voraus, daß der eine Tatbestand gegenüber dem anderen der engere ist. Daß nun der engere Paragraph immer vor dem weiteren Anwendung findet, ist ein allgemein anerkanntes Prinzip; es hätte also jener ausdrücklichen Bestimmung gar nicht bedurft.

Bezüglich der Idealkonkurrenz aber würde jener Zusatz doch zu manchen Bedenken Anlaß geben. Zunächst ist überhaupt einmal fraglich, ob es statthaft ist, die Bedeutung jenes Satzes auf die Gesetzeskonkurrenz zu beschränken und bei der Idealkonkurrenz völlig zu negieren. Wenn man nun aber doch schon einmal die Bedeutung dieser Klausel für die eine Art der Konkurrenz behaupten, für die andere leugnen will, andererseits aber auch wieder diese Klausel nicht für bedeutungslos hält, so kann man sie unmöglich auf solche Fälle beziehen, in denen die fraglichen Paragraphen mit § 49a in Gesetzeskonkurrenz stehen, da sie hier völlig überflüssig, also gerade bedeutungslos wäre. Man müßte sie vielmehr auf das Verhältnis der Idealkonkurrenz anwenden; denn nur hier hätte sie einen praktischen Nutzen, also eine Bedeutung, wenn sie in einem speziellen Fall entgegen der Regel des § 73, nach der das strengere Gesetz Anwendung zu finden hätte, das mildere Gesetz für anwendbar erklärt, so z. B. bei § 111 Abs. 2.[1])

Daher geht denn auch die andere Ansicht ganz radikal vor und erklärt gerade heraus: „Durch jenen Zusatz legt sich der Paragraph selbst subsidiären Charakter bei, daher kann kein Delikt gegen diesen Paragraph mit einem anderen in Idealkonkurrenz treten.[2]) Hieraus würde nun aber indirekt hervorgehen, daß, wenn jener Zusatz nicht gemacht wäre, § 49a zu anderen Paragraphen in Idealkonkurrenz treten könnte.[3]) Wie wir oben gesehen, ist dies auch überall (abgesehen vielleicht von § 85) unzweifelhaft der Fall. Aber dann hätte jene Klausel eine weittragende Bedeutung, indem sie die sonst gegebene Idealkonkurrenz ausschließen sollte, und eine solche ist ihr ursprünglich bei der Redaktion nicht beigelegt worden. Denn

---

[1]) Ob das freilich zu gerechteren Resultaten führen würde, ist ziemlich zweifelhaft. Vgl. darüber die spätere Bemerkung auf S. 79.

[2]) Frank, § 49a, No. II.

[3]) Dies gibt auch z. B. Köhler a. a. O. S. 69, Anm. 1, zu.

in der Kommission und im Reichstag war man sich darüber ziemlich einig, daß jener Zusatz eigentlich überflüssig sei, und daß er nur, weil dem Sprachgebrauch des St.G.B. entsprechend, beigefügt werden solle.[1]) Dort war man also nicht der Ansicht, daß ohne ihn Idealkonkurrenz stattfinden würde, sondern daß die Bedeutung des § 49a dieselbe sei, ob jener Zusatz in dem Paragraphen stände oder nicht. So erheben sich also auch gegen diese Ansicht, die Subsidiarität annimmt, und die sich auf den ersten Blick als wahrscheinlichste darstellt, manche Bedenken.[2])

---

[1]) Sten. Ber., III, S. 1352—1354. — Marquardsen: „Ich bemerke, daß unter allen Umständen ich Sie bitten müßte, meinen Antrag hinzunehmen, wo es heißt, es soll vorgeschlagen werden einzufügen: soweit nicht das Gesetz eine andere Strafe androht. Es ist das ein bloßes Übersehen der Redaktion, und Sie finden diese Einfügung auch in anderen Anträgen. Sie ist nicht absolut notwendig, sie entspricht aber dem Sprachgebrauch des Gesetzes." — v. Arnsberg: „Schließlich glaube ich hervorheben zu müssen, daß die Redaktionsvorschläge des Herrn Abgeordneten Marquardsen eine ganz entschiedene Verbesserung des in zweiter Lesung gefaßten Beschlusses enthalten, und daß ich deren Annahme eventuell befürworten kann." — Justizminister Dr. Leonhard: „Wenn man die Sache unbefangen betrachtet, so ist der Antrag Marquardsen, wie er ihn heute gestellt hat, sachlich übereinstimmend mit dem früheren; geändert wird nur redaktionell, und zwar tritt jetzt eine korrekte Fassung an Stelle einer Fassung, die zu unliebsamen Kritiken die vielleicht unschuldige Veranlassung gegeben hat." — Dr. Lasker: „Ich werde für den Antrag Marquardsen stimmen, weil, wie man sich leicht überzeugt, nur eine redaktionelle Verbesserung des bereits gefaßten Beschlusses in diesem Antrage liegt. Wer jetzt etwa durch die Annahme dieses Antrages sich bestimmt fühlen möchte, nicht mehr für den Beschluß der zweiten Lesung zu stimmen, von dem würde ich glauben, daß er nur aus einer augenblicklichen Stimmung für den Beschluß der zweiten Lesung gestimmt hat, jetzt aber sich freut, von einer Verpflichtung los zu sein. Inhaltlich liegt kein Grund vor, wenn der Beschluß verbessert wird nach dem Wortlaut, wie ihn der Herr Abgeordnete Marquardsen vorschlägt, heute nicht so zu stimmen, wie in der zweiten Lesung." — Also allgemein sah man in der Einführung dieser Klausel nur eine redaktionelle Verbesserung, die an der ursprünglichen Tragweite des Gesetzes nichts geändert hat. Übrigens gibt auch Olshausen zu (§ 49a, No. 19), daß diese Klausel wenigstens für das Str.G.B. bedeutungslos ist.

[2]) Ein anderes Bedenken, das sich aus der Subsidiarität als Unterfall der Gesetzeskonkurrenz ergibt, wird später behandelt werden. Vgl. S. 58.

§ 13.

Wir sehen hieraus, eine befriedigende Entscheidung über das Verhältnis von § 49a und § 333 finden wir in der Literatur nicht, und so wollen wir denn im folgenden selbständig dieser Frage etwas näher treten. Um hierbei systematisch vorzugehen, müssen wir uns die möglichen Fälle der Konkurrenz zweier Paragraphen vor Augen führen. Dabei dürfen wir nun aber nicht, wie die herrschende Ansicht, von den Gesetzesparagraphen ausgehen, einfach zwei einzelne Paragraphen herausgreifen und untersuchen, ob ihre Tatbestandsmerkmale übereinstimmen oder nicht.[1] Auf diese Weise würden wir die verschiedenen Konkurrenzmöglichkeiten aus den positiv-rechtlichen Bestimmungen ableiten und sie dann wieder umgekehrt auf diese anwenden. Wir bewegten uns also in einem Kreise, der uns keine befriedigende Antwort auf jene Frage geben könnte. Wir kämen dann wie Köhler[2] ebenfalls zu dem Satz: „Am leichtesten läßt sich die Gesetzeskonkurrenz bei der ausdrücklich ausgesprochenen Subsidiarität erkennen; in die Augen fallend ist das Beispiel des § 49a.“ Damit hätten wir aber gar nichts gewonnen; denn wir wollen ja gerade erst beweisen, welche Bedeutung dieser Zusatz hat, da dies eben bestritten ist. Das kann man aber nicht versuchen, solange man jene Begriffe nur aus dem Gesetze selbst ableitet. Und so kommt es, daß wir in der gesamten Literatur nur die Behauptung finden, entweder: jener Passus bedeutet Subsidiarität oder: jener Passus bedeutet sie nicht. Niemand aber ist in der Lage, stichhaltige Gründe für die eine oder die andere Ansicht anzuführen.

Wollen wir hier eine Entscheidung treffen, so dürfen wir nicht wie die herrschende Lehre einfach in ganz abstrakter Weise die einzelnen Gesetzesparagraphen miteinander vergleichen und untersuchen, ob ihre Tatbestände sich decken oder nicht. Wir müssen vielmehr auf einem anderen Wege uns eine Konkurrenz von Gesetzen konstruieren, und dieser

---

[1]) Dies tut z. B. das R.G. bezüglich der § 49a und 333.

[2]) Köhler a. a. O. S. 68.

Weg ergibt sich uns von selbst, wenn wir uns fragen, wann denn überhaupt eine solche Konkurrenz vorliegen oder wie eine solche entstehen kann. Das Wesen der Konkurrenz besteht nun, wie der Begriff selbst andeutet, darin, daß ein Wettstreit stattfindet zwischen zwei Gesetzen um ihre Anwendbarkeit. Ein solcher setzt aber notwendig voraus, daß ein Anlaß hierzu gegeben ist, und dieser liegt in einer konkreten Handlung, die ihre Sühne fordert. Ist eine derartige Tat gegeben, so erheben mehrere Gesetzesparagraphen den Anspruch auf Anwendung, und so entsteht die Konkurrenz. Wollen wir also die verschiedenen Fälle dieser Konkurrenz konstruieren, so können wir dies nur, wenn wir uns eine konkrete Handlung denken, die die Konkurrenz mehrerer Gesetze herausfordert.

Dies Verfahren findet seine Rechtfertigung auch in dem Gesetze selbst; denn § 73 beginnt mit den Worten: „Wenn eine und dieselbe Handlung mehrere Strafgesetze verletzt. . . . . ." Auch das Gesetz steht also auf dem Standpunkte, daß zur Konkurrenz von Gesetzen eine Handlung notwendig ist. Wir suchen dann in dieser Handlung die strafrechtlich relevanten Merkmale festzustellen, d. h. die Tatumstände, die sich im St.G.B. als Begriffsmerkmale von strafbaren Handlungen finden, und vergleichen, welcher Paragraph diese selben Tatbestandsmerkmale enthält. Hierbei sind folgende drei Möglichkeiten gegeben:

I. Nur ein einziger Paragraph setzt einen Tatbestand voraus, der diese Merkmale enthält, und zwar sämtlich. Dann findet natürlich nur dieser eine Paragraph Anwendung.

II. Kein Paragraph enthält solche Tatbestandsmerkmale, wie z. B. beim Putativdelikt. Hier ist die ganze Handlung strafrechtlich irrelevant, also straflos.

In diesen beiden Fällen kann von Konkurrenz keine Rede sein, da ja nicht mehrere Paragraphen ihre Anwendung fordern. Für uns kommt daher nur die folgende Gruppe in Betracht.

III. Zwei Paragraphen (diese Zahl ist der Einfachheit halber gewählt) enthalten die Merkmale.

a) Keiner von beiden umfaßt sie sämtlich, sondern ein

jeder nur einige; kein Paragraph zieht die Handlung erschöpfend in Betracht, sondern bei jedem bleibt ein nicht berücksichtigter Überschuß („Idealkonkurrenz im weiteren Sinn.");

α) dann trifft entweder das Gesetz eine allgemeine Entscheidung (§ 73) bezüglich der Anwendung der Gesetze („Idealkonkurrenz im engeren Sinn", deckt sich mit der Idealkonkurrenz der herrschenden Lehre), oder

β) einer der beiden Paragraphen regelt selbst seine Anwendbarkeit, indem er diese nur dann verlangt, wenn kein anderes Gesetz Anwendung finden würde, indem er also hinter jedem anderen ähnlichen Gesetz zurücktreten will (Subsidiarität).

b) Ein Paragraph umfaßt sämtliche Tatbestandsmerkmale, der andere enthält nur einzelne. Hier ergibt sich von selbst, daß nur der erste Paragraph Anwendung finden kann, da die des zweiten durch ihn ausgeschlossen wird (Spezialität, deckt sich mit der Spezialität der herrschenden Lehre).

Damit hätten wir ein Schema gewonnen, das bei der Bildung der Gruppen nicht in abstrakter Weise die einzelnen Gesetzesparagraphen miteinander vergleicht; wir hätten also das Schema nicht allein aus dem Gesetz selbst abgeleitet, sondern wir haben ein solches, das immer einen konkreten Fall im Auge hat, der die Gesetzeskonkurrenz nach § 73 herausfordert. Ist diese Konstruierung des Schemas scheinbar auch nur ein rein technischer Vorzug, so bietet sie doch gerade für unseren Zweck einen erheblichen Vorteil. Denn sie verlangt bei Feststellung des Verhältnisses von zwei Paragraphen die Berücksichtigung einer konkreten Tat, wir gewinnen also die Bestimmung des Verhältnisses nicht einzig und allein durch das Gesetz selbst, sondern durch das Gesetz in Verbindung mit einer bestimmten Handlung. Daß eine solche nötig ist zur Konkurrenz, das verkennt die herrschende Lehre, wenn sie zur Bildung eines Schemas der möglichen Konkurrenzen von Gesetzesparagraphen rein mechanisch die einzelnen Paragraphen miteinander vergleicht, ohne Rücksicht auf den tatsächlichen Vorgang, auf den mehrere Paragraphen ihre Anwendung beanspruchen. Während endlich die herrschende

Lehre ihre Gruppierung der Konkurrenzen einfach aus den toten Buchstaben des Gesetzes ableitet und daraus die entscheidendsten Folgerungen zieht, ohne auch nur eine Berechtigung für ihr Vorgehen nachzuweisen, hat unsere Ansicht den Wortlaut des Gesetzes für sich, das in § 73 ausdrücklich auf die begangene Handlung hinweist, also direkt auffordert, diese bei einer Konkurrenz als Grundlage etwaiger Unterscheidung zu wählen.

§ 14.

Die praktischen Konsequenzen, die unsere Einteilung für die Beantwortung der vorliegenden Frage nach dem Verhältnis von § 333 und § 49a hat, sollen erst später (in §§ 15 und 16) gezeigt werden. Vorerst muß hier darauf hingewiesen werden, daß ein wichtiger Unterschied in der Gruppierung sich schon jetzt gezeigt hat, der noch einer Rechtfertigung bedarf.

Das Schema der herrschenden Ansicht lautet etwa:

I. Idealkonkurrenz.

II. Gesetzeskonkurrenz.

1. Spezialität.
2. Subsidiarität.

Demgegenüber gruppiert unser Schema:

I. „Idealkonkurrenz im weiteren Sinn."

1. „Idealkonkurrenz im engeren Sinn".
2. Subsidiarität.

II. Gesetzeskonkurrenz oder Spezialität.

Die herrschende Lehre sieht folglich die Subsidiarität als Unterfall der Gesetzeskonkurrenz an, die voraussetzt, daß der eine Tatbestand den anderen deckt. Hierbei sind drei Möglichkeiten gegeben: entweder der subsidiäre Paragraph wird von dem anderen gedeckt, oder beide decken einander, d. h. beide Tatbestände sind die gleichen, oder endlich der subsidiäre Tatbestand deckt den anderen. Wäre der subsidiäre Tatbestand der engere, so läge Spezialität vor, und es wäre undenkbar, daß die lex specialis sich gegenüber des lex generalis selbst subsidiäre Bedeutung zuschriebe. Es kann sich also bei der Subsidiarität nur darum handeln, daß der subsidiäre

Paragraph den anderen mit umfaßt. Dies kann man sich nun so denken, daß beide Paragraphen sich vollständig decken. Dann hätte aber der Gesetzgeber ein und denselben Tatbestand unter zwei, womöglich verschieden schwere Strafdrohungen gestellt, was wohl tatsächlich kaum vorkommen dürfte. So bleibt also für die Subsidiarität nur der eine Fall übrig, daß das Anwendungsgebiet des subsidiären Paragraphen über das des anderen hinausgeht, m. a. W. daß der andere Paragraph aus dem großen Anwendungsgebiet des subsidiären Paragraphen einen bestimmten Teil herausnimmt, den er selber mit Strafe bedroht. Dies ist aber nur so möglich, daß der andere Paragraph neben den allgemeinen Tatbestandsmerkmalen des subsidiären Paragraphen noch besondere enthält, die seine Anwendung auf bestimmte Fälle beschränken. Dann haben wir aber wieder das Verhältnis der Spezialität, und wenn hier der weitere Paragraph sich durch besondere Umstände noch einen subsidiären Charakter beilegen wollte, so wäre das vollkommen überflüssig. Daher kann die Subsidiarität kein Unterfall der Gesetzeskonkurrenz sein, und es gibt nur **eine** Art der Gesetzeskonkurrenz, die Spezialität.

Nun legen sich aber doch tatsächlich manche Gesetze, ausdrücklich subsidiären Charakter bei, d. h. sie beschränken ihre Anwendbarkeit auf die Fälle, für die keine andere gesetzliche Regelung vorgesehen ist. Unter welche Gruppe haben wir nun diese Subsidiarität zu stellen?

Ein Gesetz kann sich eine solche vernünftigerweise nur dann beilegen, wenn es ohne jenen Zusatz nach den bestehenden Regeln Anwendung finden würde neben einem anderen Gesetz, wenn also sonst beide miteinander konkurrieren müßten; durch jenen Zusatz soll eben diese Konkurrenz ausgeschlossen werden. Sie könnten nun nicht konkurrieren auf gleicher Stufe, wenn, wie wir eben (S. 141) gesehen, das andere Gesetz die lex specialis dieses subsidiären Gesetzes darstellte, oder wenn das Umgekehrte der Fall wäre. Legte das Gesetz sich trotzdem Subsidiarität bei, so wäre diese im ersten Fall bedeutungslos, im zweiten unhaltbar, da das allgemeine

Prinzip, daß das besondere Gesetz dem allgemeinen vorgeht, so sehr von der Notwendigkeit an die Hand gegeben ist, daß es nicht geändert werden kann. Daraus folgt gerade im Gegensatz zur gemeinen Meinung: Subsidiarität ist unmöglich zwischen Paragraphen, deren Tatbestand sich deckt, kann vielmehr nur dort stattfinden, wo der Tatbestand sich nicht deckt. Denn nur hier können Zweifel entstehen über die Anwendbarkeit des einen oder anderen Paragraphen, nur hier ist es daher möglich, daß das eine Gesetz von vornherein hinter dem anderen zurücktreten will. Wir haben also die Subsidiarität nicht als einen Unterfall der Gesetzeskonkurrenz, sondern als einen solchen der Idealkonkurrenz aufzufassen und haben daher diese in die Unterabteilungen zerlegt, daß entweder ein besonderes Gesetz (§ 73) die Anwendbarkeit zweier idealiter konkurrierenden Paragraphen regelt, oder daß dies der eine von ihnen selbst tut.

Daß dieser Schluß richtig ist, ergibt die folgende Probe. Wäre nämlich die Subsidiarität der Unterfall der Gesetzeskonkurrenz, so müßte bei Wegfall der Umstände, die die Subsidiarität begründen, Gesetzeskonkurrenz eintreten. Es müßten also in unserem Fall, wenn die Klausel „soweit nicht das Gesetz eine andere Strafe androht" fehlte, die Tatbestände der §§ 49a und 333 sich decken. Wie wir aber oben (S. 41 u. 42) gesehen, geschieht dies durchaus nicht, da der eine Tatbestand zum Teil weiter, zum Teil enger als der andere ist. Es läge demnach hier Idealkonkurrenz vor.[1])

Dies muß stets der Fall sein, wenn man Subsidiarität in dem Sinne auffaßt, „daß das subsidiäre Gesetz nur Anwendung finden will, falls die Handlung, die es definiert, nicht nach Maßgabe eines anderen Gesetzes einen höheren oder milderen Strafanspruch erzeugt".[2])

---

[1]) So Goltdammer: Archiv, XXVIII, S. 230. Abgesehen von jenem Zusatz in § 49a stände der Annahme einer idealen Konkurrenz in sachlicher Beziehung nichts entgegen. — Olshausen, § 49a, No. 20: Idealkonkurrenz zwischen § 49a und § 333 ist wohl denkbar, da beide Tatbestände sich nicht decken. — Ebenso Köhler, a. a. O., S. 69, Anm. 1.

[2]) Binding: Hdb., I, S. 355ff.

Binding unterscheidet aber noch weiter als zweite Gruppe der Subsidiarität, „wenn das subsidiäre Gesetz nur Anwendung finden will, falls eine andere als die von ihm definierte Handlung nicht nach strengerer Satzung einen weitergehenden Strafanspruch erzeugt". Dies kann geschehen

1. durch Subsidiarität der Normen,
2. durch Subsidiarität der Verbrechensformen (Versuch und Vorbereitungshandlungen gegenüber dem vollendeten Delikt, Anstiftung und Beihilfe gegenüber der Haupttat).

Diesen Fall der Subsidiarität lehnen wir ab. Denn, was die erste Art anbetrifft, so hat noch niemand ergründen können, was das bedeutet: eine Norm; und selbst Binding hat bis jetzt nach einem Vierteljahrhundert trotz mancher Anregung sich nicht entschließen können, einen Katalog der Normen herzustellen. Diese Art der Subsidiarität schwebt also ziemlich in der Luft.

Und nun die Subsidiarität der Verbrechensformen. Wollte man in allen diesen Fällen Konkurrenz annehmen, so ließe sich kaum eine Handlung denken, bei der nicht eine Konkurrenz vorläge. Denn in fast jeder vollendeten strafbaren Handlung ist zum mindesten ein Versuch enthalten, oft auch eine Vorbereitungshandlung. Da es sich weiter bei der Beihilfe und Anstiftung in dem vorliegenden Fall nur um Selbstanstiftung und Beihilfe zur eigenen Tat[1]) handeln kann, so wird man auch eine solche Anstiftung und Beihilfe in vielen Fällen unterscheiden können. Man stelle sich nun einmal dieses Heer von Konkurrenzen vor, das bei jeder Tat aufmarschieren würde, wenn man alle diese Fälle als Konkurrenzen bezeichnen wollte. Und wenn solche Konkurrenzen gegeben sind, dann müssen sie auch, konsequent gedacht, im Urteil berücksichtigt werden, und wäre dies nicht geschehen, so gäbe das unter Umständen einen Revisionsgrund ab. Nun vergegenwärtige man sich einmal die Konsequenzen, die dies mit sich bringen würde. Und in der Tat liegt denn auch gar kein Bedürfnis für die Annahme einer Konkurrenz in den eben gedachten Fällen vor.

---

[1]) Freilich kommt nach dem Gesetz strafrechtlich nur die Anstiftung und Beihilfe zu der Tat eines anderen in Betracht.

Denn, ist das vollendete Verbrechen selbst mit Strafe bedroht und die Vorbereitungshandlungen, der Versuch, die Anstiftung, die Beihilfe ebenfalls, so konsumiert stets die nachfolgende Haupttat mit Notwendigkeit die vorhergehenden Vorbereitungs- und Teilnahmehandlungen des Täters, also auch das auf die Haupttat anzuwendende Gesetz die auf die Vorbereitungs- und Teilnahmehandlungen als solche sich beziehenden Vorschriften. Hier noch eine Konkurrenz zu konstruieren, hat also wenig Zweck.

Endlich versteht man noch unter Subsidiarität die Konsumtion einer Strafdrohung durch die andere, d. h. „wenn ein Strafgesetz Tatbestand und Strafdrohung eines anderen teilweise in sich aufnimmt und dieses insoweit außer Anwendung stellt; namentlich wenn eine an sich strafbare Handlung für den Tatbestand einer anderen verwertet ist". Denn „die mehreren Tatbestände sind nicht gleichzeitig anzuwenden, da Umstände vorliegen, aus welchen zu entnehmen ist, daß die Anwendbarkeit des einen Tatbestandes die Anwendbarkeit des oder der übrigen Tatbestände ausschließen soll; so ist z. B. gleichzeitige Anwendung mehrerer gesetzlicher Tatbestände ausgeschlossen, wenn der eine den anderen begrifflich in sich schließt.[1])

Zunächst ist überhaupt schon sehr streitig, was man im einzelnen unter Konsumtion zu verstehen hat. Das gibt selbst Binding[2]) zu. Dieser rechnet z. B. zur Konsumtion die geschärften Unterarten der Gattungsverbrechen, Olshausen[3]) und mit ihm die herrschende Meinung sieht in ihnen Unterfälle der Spezialität, und endlich Frank[4]) bildet gar für sie eine besondere Hauptgruppe der Gesetzeskonkurrenz. Man könnte daher allgemein die Konsumtion, etwa wie Frank,[5]) nur negativ abgrenzen, indem man verlangt, daß in dem Tatbestande des einen Delikts der des anderen enthalten sein

---

[1]) Köhler a. a. O. S. 42.

[2]) Binding: Hdb., I, S. 363

[3]) Olshausen: § 73, No. 12.

[4]) Frank, § 73, No. VII, 1.

[5]) Frank, § 73, No. VII, 2c.

muß, ohne daß jedoch das Verhältnis der Spezialität gegeben sein darf. Frank führt als Beispiel an, daß die Tötung durch den Tatbestand des Zweikampfs konsumiert werde.

Vergleichen wir die beiden in Betracht kommenden Paragraphen, so wären dies § 206 und wohl § 211. Der Vorsatz ist in beiden gleich, also der subjektive Tatbestand ist derselbe, nur der objektive ist in § 206 insofern verschieden, als hier die Tötung unter Beobachtung besonderer Kampfesregeln erfolgt ist, im Gegensatz zu der Tötung des § 211, die auf jede Weise möglich ist. Sollte hier nicht etwa doch Spezialität gegeben sein, so daß das Vorliegen der Konsumtion nach der Definition Franks ausgeschlossen wäre.

Um nun auch ein von der herrschenden Ansicht häufig gebrauchtes Beispiel anzuführen, so soll § 177 die Nötigung des § 240 konsumieren. Vergleichen wir, wie es die herrschende Lehre bei der Konkurrenz immer tut, die beiden Verbrechenstatbestände, so ergibt sich:

§ 177 verlangt „Gewalt oder Drohung mit gegenwärtiger Gefahr für Leib oder Leben", § 240 „Gewalt oder Drohung mit einem Verbrechen oder Vergehen". Die Drohung mit gegenwärtiger Gefahr für Leib oder Leben stellt nun aber stets eine Drohung mit einem Verbrechen oder Vergehen dar, folglich ist § 177 in dieser Beziehung enger als § 240.

Ferner, das Objekt, gegen das sich das Delikt des § 177 richtet, ist eine „Frauensperson", dagegen in § 240 ein jeder beliebige Mensch.

Endlich hat die Nötigung in § 177 zum Zweck den „außerehelichen Beischlaf", in § 240 irgend „eine Handlung, Duldung oder Unterlassung".

Wir sehen also, in allen Punkten stellt § 177 einen engeren Tatbestand dar, und wenn er daneben auch noch den Fall behandelt, daß jemand eine Frauensperson zum außerehelichen Beischlaf mißbraucht, nachdem er sie zu diesem Zweck in einen willenlosen oder bewußtlosen Zustand versetzt hat, so ändert das nichts an der Erwägung, daß § 177, soweit es sich um Nötigung handelt, der engere Tatbestand ist, also die lex specialis. Prüfen wir auch die anderen Beispiele, die die herrschende

Lehre anführt, so werden wir überall dasselbe finden: stets können wir das Verhältnis der Spezialität als vorliegend annehmen, wir brauchen also den Begriff der Konsumtion gar nicht.

Überblicken wir unsere letzten Ausführungen, so erkennen wir: die Subsidiarität der herrschenden Lehre ist eine Konkurrenz, die sich gar nicht ausschließlich als Gesetzeskonkurrenz, sondern nur zum Teil als Gesetzeskonkurrenz, zum Teil aber auch als Idealkonkurrenz (vgl. oben S. 58 bezüglich § 49a und 333) darstellt. Da wir nun soeben das Verhältnis der Fälle der Gesetzeskonkurrenz, die nach der herrschenden Lehre unter den Begriff der Konsumtion fallen sollen, als Spezialität charakterisiert haben, so können wir die Subsidiarität in Bezug auf die noch übrigen Fälle, wie wir es in unserem Schema auch getan, als Unterfall der Idealkonkurrenz annehmen. Dadurch wird nun freilich der Umfang der Subsidiarität bedeutend geschmälert, und es fragt sich daher, ob wir jenen Begriff nicht ganz entbehren können.

Zur Lösung dieser Frage müssen wir die verschiedenen Fälle, in denen die herrschende Lehre Subsidiarität annimmt, unter diesem Gesichtspunkt näher betrachten. Als Beispiele für die sog. „ausdrückliche Subsidiarität", und nur diese lassen wir ja als Subsidiarität gelten, führt man aus dem St.G.B. gewöhnlich drei Fälle an: § 49a, § 207 und § 353a.[1])

Den § 49a haben wir später[2]) in dieser Beziehung ex officio zu behandeln, dort haben wir auch auf die Bedeutung jener Klausel, die die Subsidiarität begründen soll, im einzelnen einzugehen; hier müssen wir uns daher vorläufig mit den anderen Beispielen begnügen. Indessen sei schon an dieser Stelle bezüglich des § 49a daran erinnert, daß man im Reichstag von der Überflüssigkeit jener Klausel überzeugt war.[3])

Was zunächst § 207 betrifft, so enthält er nicht wie § 49a die Klausel „soweit nicht das Gesetz eine andere Strafe an-

---

[1]) v. Liszt a. a. O. S. 224; Frank, § 73, No. VII, 2b; Olshausen, § 73, No. 13a.

[2]) Vgl. unten S. 70—72.

[3]) Vgl. oben S. 52.

droht“, sondern die „sofern nicht nach den vorhergehenden Bestimmungen eine härtere Strafe verwirkt ist“. Wir bemerken sofort drei Unterschiede:

1. nicht allgemein „das Gesetz“ heißt es hier, sondern „die vorhergehenden Bestimmungen“, also die bestimmten §§ 205 und 206;

2. nicht um eine „andere Strafe“ handelt es sich hier, sondern um eine „härtere“; endlich

3. soll nach § 49a das Gesetz diese Strafe „androhen“, hier soll sie „verwirkt“ sein.

Daraus folgern wir, daß diese Klausel gar nicht Subsidiarität des einen Gesetzes gegenüber dem anderen begründen will, sie fordert vielmehr gerade im Gegenteil, beide nebeneinander anzuwenden; denn es muß ja erst festgestellt werden, welche Strafe verwirkt ist. Wir nehmen z. B. an: jemand hat mit vorsätzlicher Übertretung der hergebrachten Kampfesregeln seinen Gegner im Zweikampf fahrlässig getötet;[1]) so verlangt zunächst § 207 Anwendung; dieser bestimmt, daß in unserem Fall entweder § 206 oder § 222 I anzuwenden ist. Hierzu muß der Richter nach beiden Paragraphen die Tat beurteilen, und er hat als Strafmaß in § 206: Festung von 2—15 Jahren, in § 222 I: Gefängnis von einem Tag bis zu drei Jahren. Er muß also dieselbe Tat beurteilen nach Festung und nach Gefängnis. Da nun eine einzige Tat vorliegt, so muß er auch für die Tat eine gleichschwere Strafe finden, mag er sie in Gefängnis oder in Festung ausdrücken. Wählte er die höchste Gefängnisstrafe von drei Jahren, so wäre diese Strafe nach § 21 gleich einer $4^1/_2$ jährigen Festungshaft. Solange also das Strafmaß von $2—4^1/_2$ Jahren Festung, entsprechend von 1 Jahr 4 Monaten bis zu 3 Jahren Gefängnis als ausreichend erscheint, kann der Richter vernünftigerweise nur zwei gleichharte Strafen bestimmen, indem er nach § 21 die Gefängnisstrafe in Festung umrechnen muß. Hält er aber 2 Jahre Festung, also 1 Jahr und 4 Monate Gefängnis für zu hart, so muß er eine Gefängnisstrafe unter 1 Jahr und 4 Monaten nach § 222 verhängen, und dann ist

9) Darüber, daß dies möglich ist, vgl. Olshausen, § 207, No. 2.

nach diesem Paragraphen die einzige, folglich auch die härteste Strafe verwirkt. Daher ist dieser Paragraph anzuwenden. Also nur in den schwersten Fällen, wenn der Richter in seiner Strafzumessung über $4^1/_2$ Jahre Festung hinausgehen will, wird § 206 die härtere verwirkte Strafe darstellen können, und daher dieser Paragraph auf Grund des § 207 Anwendung finden.

Diesen Erfolg hätte der Gesetzgeber ebensogut erreichen können, wenn er z. B. in § 206 den Zusatz gemacht hätte: Ist eine Tötung mittels vorsätzlicher Übertretung der vereinbarten oder hergebrachten Regeln des Zweikampfs bewirkt worden, so kann der Täter außer der festgesetzten Festungshaft mit Gefängnis bis zu drei Jahren bestraft werden. Freilich wäre das nicht gerade technisch zu billigen, aber praktisch ist dies doch das Resultat der Vorschrift des § 207. Tatsächlich wird also durch jene Bestimmung in § 207 nicht ein subsidiäres Gesetz geschaffen, sondern dem Richter nur ein erweiterter Strafrahmen zur Verfügung gestellt, der aber nicht direkt angegeben ist, sondern den sich der Richter erst aus den betreffenden Paragraphen ableiten muß.

Wir sehen also, jene Klausel bewirkt keineswegs die Subsidiarität zweier Paragraphen; sollte dies wirklich beabsichtigt gewesen sein, so würde der Zusatz „sofern nicht nach den vorhergehenden Bestimmungen eine härtere Strafe verwirkt ist", für unseren Fall bedeuten, daß zunächst § 222 dem § 206 in der Anwendung vorgeht. Nehmen wir nun einen leichteren Fall, so erkennt der Richter vielleicht auf acht Monate Gefängnis; da er weiter auch die Strafe nach § 206 bestimmen muß, so darf er auf eine entsprechende Festungshaft, also auf ein Jahr nicht erkennen, da das Mindestmaß der angedrohten Festungshaft in § 206 zwei Jahre beträgt, er muß also mindestens zwei Jahre Festung verhängen. Die härtere Strafe bleibt aber trotzdem acht Monate Gefängnis, da dies die der Art nach schwerere Strafe ist. Dasselbe gilt auch für alle andern Fälle; es erfolgt also stets Verurteilung auf Grund des § 222.

§ 206 behandelt nun die vorsätzliche, § 222 die fahrlässige Tötung. Daß aber beide Paragraphen auf eine und dieselbe Handlung Anwendung finden, daß sie also wirklich miteinander konkurrieren könnten, ist unmöglich, da Vorsatz die Fahrlässigkeit ausschließt. Weil also überhaupt keine Konkurrenz zwischen beiden Paragraphen vorliegen kann, so kann man auch ihr Verhältnis zueinander nicht als Subsidiarität bestimmen wollen.[1]) Dasselbe gilt, wie man sich leicht überzeugen kann, auch bezüglich der in § 207 erwähnten Körperverletzung, und wir folgern: jene Klausel in § 207 begründet überhaupt keine Subsidiarität von Gesetzen, sie erweitert nur die in §§ 205 und 206 gegebenen Strafrahmen durch Verweisung auf Strafbestimmungen anderer Paragraphen. Unter dem Gesichtspunkt der Konkurrenz betrachtet ist die Klausel völlig bedeutungslos.

Wenden wir uns jetzt dem § 353a, dem Arnimparagraphen, zu, so finden wir auch hier die Klausel „soweit nicht nach andern Bestimmungen eine schwerere Strafe verwirkt ist". Es handelt sich also auch hier lediglich um eine Erweiterung der bestehenden Strafdrohungen, nicht um eine Subsidiarität von Gesetzen. Dieser Paragraph trifft nämlich die Vorschrift: wenn auf Grund von anderen Paragraphen für eine in § 353a gedachte Handlung eine höhere Strafe als verwirkt zu betrachten ist, als fünf Jahre Gefängnis oder 5000 Mark Geldstrafe, dann findet dieser Paragraph Anwendung, also z. B. § 92 I. Hat aber der Täter nach den bestehenden Gesetzen eine mildere Strafe verwirkt, so kann diese auf Grund der Vorschrift des § 353a (falls natürlich die Handlung auch unter diesen Paragraphen fällt), bis auf fünf Jahre Gefängnis oder 5000 Mark Geldstrafe erhöht werden.

Die herrschende Lehre[2]) und wir ebenfalls würden annehmen, daß § 353a und § 92 idealiter miteinander konkurrieren, da die Tatbestände sich nicht decken. Denn daß der Tatbestand des § 353a enger ist als der des § 92, ist auf den ersten Blick klar; er ist aber auch weiter, insofern als die Mitteilung

---

[1]) Dies zeigt recht deutlich, wohin die herrschende Lehre mit ihrer mechanischen Vergleichung der einzelnen Paragraphen führt, nämlich: dort eine Konkurrenz anzunehmen, wo tatsächlich eine solche gar nicht möglich sein kann.

[2]) Olshausen, § 353a, No. 11; a. A. Frank, § 353a, No. I und Binding, I, S. 356, die Subsidiarität, also Gesetzeskonkurrenz, annehmen.

hier an jeden beliebigen andern gemacht sein kann, während dieser „andre“ in § 92 eine Regierung sein muß. Nach unsrer Meinung müßten wir also das schwerere Gesetz gemäß dem § 73 Anwendung finden lassen, folglich § 92. Es bedurfte also jener besonderen Klausel in § 353a hierfür garnicht.

Nun behauptet Köhler,[1]) daß § 353a dem § 86 subsidiär sei, „wenn in dem konkreten Tatbestand die unbefugte Mitteilung amtlicher Schriftstücke Ausführungshandlung ist“. Dies trifft jedoch aus demselben Grunde nicht zu, den wir eben gesehen. Denn die herrschende Meinung und wir erblicken in dem Verhältnis von § 86 und § 353a die Idealkonkurrenz. Haben wir vorhin die Beweisführung der herrschenden Ansicht gewählt, so mag jetzt einmal die Argumentation nach unserer Theorie am Platze sein.

Wir denken uns also einen Beamten im Dienste des Auswärtigen Amtes, der ihm amtlich anvertraute Schriftstücke einer fremden Regierung mitteilt, um das Bundesgebiet teilweise einem fremden Staate gewaltsam einzuverleiben. Anwendung auf diese Handlung fordern die §§ 353a und 86. § 86 berücksichtigt den Zweck der Tat, nicht aber die in § 353a besonders hervorgehobene Stellung des Täters im Reichsdienst. Umgekehrt berücksichtigt § 353a zwar diese Stellung, läßt aber den Zweck unbeachtet, den der Täter mit seinem Verbrechen erreichen will. Folglich wird kein Paragraph der vorliegenden Handlung vollkommen gerecht, indem jeder nur eine bestimmte Seite des Delikts in seinen Tatbestand aufnimmt. Also ist Idealkonkurrenz gegeben, und nach § 73 findet das schwerere Gesetz Anwendung. Um dies zu erreichen, war daher auch hier jene Klausel gar nicht nötig.

Ein Fall, der für das in § 353a genannte Delikt eine mildere Strafe androhte als § 353a selbst, wird nirgends in den Kommentaren erwähnt, scheint also auch nicht zu existieren. Sollte es aber wirklich dennoch einen solchen Paragraphen geben, dann wäre zu bedenken, daß § 353a den Tatbestand schon so eng umgrenzt, daß kaum noch ein engerer gedacht

---

[1]) Köhler a. a. O. S. 70.

werden kann. Es könnte sich also bestenfalls um Idealkonkurrenz handeln, und da gibt, praktisch genommen, § 73 dieselbe Regel, die § 353a noch besonders aufstellt.

Als ein weiteres Beispiel der Subsidiarität wird § 43 genannt,[1]) „wenn das beabsichtigte Verbrechen nicht zur Ausführung gelangt ist". Wir haben aber schon oben gesehen, daß hier eigentlich überhaupt keine Konkurrenz vorliegt, und wollte man sie annehmen, so könnte doch das vollendete Verbrechen gegenüber dem versuchten nur einen Spezialfall darstellen, es entfiele somit schon aus allgemeinen Gründen die Anwendbarkeit des § 43. Jene Klausel begründet also auch hier keine Subsidiarität.

Endlich führt Köhler[2]) noch einige Beispiele für die Subsidiarität an, so zunächst § 98 gegenüber § 94. § 94 stellt unter Strafe die Tätlichkeit gegen den Kaiser, gegen den eigenen Landesherrn, oder, während eines Aufenthaltes in einem Bundesstaate, gegen den Landesherrn dieses Staates. Alle andern Tätlichkeiten gegen Bundesfürsten will § 98 treffen. Statt § 94 zu erwähnen, hätte es in § 98 ebensogut heißen können: wer sich einer Tätlichkeit gegen einen Bundesfürsten schuldig macht, der nicht der Kaiser, nicht sein Landesherr, oder, während eines Aufenthalts in einem Bundesstaate nicht der Landesherr dieses Staates ist. Daß dies nicht geschehen, ist doch aus rein redaktionellen Gründen zu erklären; beide Paragraphen bedrohen eben Tätlichkeiten gegen Bundesfürsten, zu denen der Täter als Untertan in verschiedener Beziehung steht. Beide Paragraphen können überhaupt nicht miteinander konkurrieren, da sie ganz verschiedene Deliktsobjekte enthalten, die kaum in einer einzigen Handlung betroffen sein können. Hier von Subsidiarität zu sprechen, insbesondere wenn man noch dazu Subsidiarität als Gesetzeskonkurrenz auffaßt, bei der die Tatbestände sich decken müssen, ist doch kaum zu billigen.

Dasselbe gilt auch von den anderen dort[3]) erwähnten Bei-

[1]) Frank, § 73, No. VII, 26; Köhler a. a. O. S. 70.
[2]) Köhler a. a. O. S. 70.
[3]) Köhler a. a. O. S. 70.

spielen, nämlich § 99 gegenüber § 95, § 100 gegenüber § 96 und § 101 gegenüber § 97.

Um, der Vollständigkeit halber, auch ein Beispiel aus einem strafrechtlichen Nebengesetz anzuführen, so sei an § 153 der Gewerbeordnung erinnert. Dieser kann nur mit § 240 des Str.G.B.s konkurrieren, und zwar steht er mit diesem, wie sich auf den ersten Blick ergibt, in Idealkonkurrenz. Dann greift aber wieder § 73 Platz, und wir brauchen die Klausel in § 153 „sofern nicht nach dem allgemeinen Strafgesetz eine härtere Strafe eintritt" überhaupt gar nicht, da doch stets, wenn die Anwendbarkeit zweier Paragraphen gegeben ist, das härtere Gesetz den Vorrang haben müßte.

Soweit wir also die in Betracht kommenden Fälle übersehen, ist die Klausel „soweit nicht das Gesetz eine härtere Strafe androht . . ." für die Regelung des Verhältnisses von zwei Paragraphen ohne jeden Einfluß, und wenn sie wirklich ihre Bedeutung hat, so bezieht sie sich nur auf eine Erweiterung des bestehenden Strafrahmens. Wir stellen daher von neuem die Frage, ob wir nicht den Begriff der Subsidiarität ganz entbehren können. Denn wenn die Klausel nie die Bedeutung hat, zwischen zwei Gesetzen Subsidiarität zu begründen, dann können wir auch nicht berechtigt sein, auf sie eine ganze Gruppe von Konkurrenzfällen zu basieren.

Indessen wir können diese Frage ruhig verneinen. Denn, wie wir oben gesehen,[1]) kann ein derartiger Zusatz dem Gesetzgeber die Möglichkeit geben, in einem besonderen Fall die Anwendbarkeit des § 73 bei der Idealkonkurrenz auszuschließen und im Gegensatz zu dieser Regel das leichtere Gesetz Anwendung finden zu lassen. Da dies unter Umständen von praktischem Wert sein kann, sich auch nicht übersehen läßt, ob nicht der Gesetzgeber zu diesem Mittel irgendwo schon gegriffen hat, oder doch vielleicht in Zukunft greifen wird, so muß man die Möglichkeit einer solcher Konkurrenz wohl zugeben. Wie aber aus unseren Erörterungen hervorgeht, sind

---

[1]) Vgl. oben S. 57 und 58.

wir durchaus nicht berechtigt, in jedem Fall, in dem der Gesetzgeber ein solches Zurücktreten des einen Gesetzes hinter das andre für diesen speziellen Paragraphen anordnet, von Subsidiarität sprechen. Denn in den meisten nach den oben angeführten Beispielen möchte man fast sagen: in allen Fällen handelt es sich um einen Verlegenheitsbehelf; der Gesetzgeber übersieht nicht völlig die Tragweite seiner neuen Vorschrift, und da will er sich vor Unzuträglichkeiten, die bei Anwendung der schon bestehenden Normen im Hinblick auf diese neue Vorschrift entstehen können, dadurch schützen, daß er für solche Fälle ein Zurücktreten des neuen Gesetzes anordnet. Einer solchen Verlegenheitsvorschrift kann man aber schon aus diesem Grunde keine so wichtige Bedeutung beimessen, um darauf eine ganze Gruppe von Konkurrenzfällen zu basieren. Vielmehr haben wir stets in erster Linie auch in diesen Fällen zu untersuchen, ob nicht Gesetzeskonkurrenz vorliegt. Finden wir dies Verhältnis gegeben, dann ignorieren wir einfach jene Klausel und können unser Vorgehen dadurch rechtfertigen, daß ja der Gesetzgeber für solche Fälle dies ebenfalls gewollt hat. Stellen wir aber Idealkonkurrenz fest, so müssen wir prüfen, welches Gesetz das schwerere ist; ist das sog. subsidiäre Gesetz das leichtere, dann ist die Klausel ebenfalls überflüssig, denn dann gibt schon § 73 dieselbe Regel; ist aber das subsidiäre Gesetz das schwerere, dann hat (vorausgesetzt natürlich, daß sich aus der Absicht des Gesetzgebers nicht das Gegenteil ergibt) die Klausel ihre Bedeutung, und dann bezeichnen wir das Verhältnis der beiden Paragraphen als Subsidiarität. Diese Subsidiarität muß stets ein Unterfall der Idealkonkurrenz sein.

Wir kommen also zu dem Ergebnis, daß die meisten Fälle der Subsidiarität im Sinn der herrschenden Lehre, soweit sie überhaupt eine Konkurrenz zulassen, sich als Fälle der Gesetzeskonkurrenz, der Spezialität darstellen, daß dagegen die wenigen übrig bleibenden Fälle, für die die Bildung einer besonderen Gruppe geboten erscheint, Idealkonkurrenz darstellen müssen. Und daher haben wir auch die Subsidiarität unter die Idealkonkurrenz gruppiert.

§ 15.

Wenden wir die so gewonnenen Resultate auf den Fall an: Jemand bietet einem Beamten Geschenke an, um ihn hierdurch zu bestimmen, daß er ein begangenes Delikt nicht anzeigt, das er nach seiner Amtspflicht anzeigen müßte.

Wir fragen nun zur Feststellung des Verhältnisses von zwei Paragraphen nicht wie die herrschende Lehre: wie verhalten sich die in den beiden Paragraphen enthaltenen Tatbestände zueinander, decken sie sich, oder decken sie sich nicht? sondern wir fragen: welcher von den in den beiden Paragraphen enthaltenen Tatbestände kommt unserer vorliegenden Handlung am nächsten, welche von beiden wird der Beurteilung dieser Tat am meisten gerecht? Finden wir dann, der eine Paragraph enthält gerade unsern Tatbestand, während der andre unser Delikt zwar auch umfaßt, aber in allgemeinerer Gestalt, so wenden wir jenen Paragraphen an. Finden wir dagegen, kein Paragraph wird unserm Tatbestand vollkommen gerecht, da ein jeder nur immer eine bestimmte Seite unsrer Handlung in Betracht zieht, so daß ein jeder einen nicht berücksichtigten Teil unseres Delikts unbeachtet läßt, so erkennen wir daran die Idealkonkurrenz und verfahren prinzipiell nach dem Grundsatz des § 73.

Wir hätten also nach unserer Methode in der vorerwähnten Handlung die Tatumstände festzustellen und zu untersuchen, welche Paragraphen ihre Anwendung auf diesen Fall erheischen. Als Tatumstände ergeben sich: die mündliche, durch Geschenke bestärkte Aufforderung an einen Beamten zur Begehung des Amtsverbrechens des § 346. Bis auf das Amtsverbrechen sind sämtliche Merkmale in § 49a und § 333 in gleicher Weise enthalten; dieses besondere Merkmal findet sich jedoch nur in dem letzten Paragraphen, folglich ist dieser ein Spezialfall des § 49a für unsern Fall. Dasselbe würde sich auch bezüglich der §§ 85, 111 und 159 ergeben, wenn wir bei jedem die erforderliche konkrete Handlung als vorliegend annehmen. Also schließen wir, daß § 49a lex generalis ist, gegenüber §§ 85, 111, 159 und 333, folglich finden diese besonderen Paragraphen immer Anwendung vor § 49a.

Dadurch, daß wir in den vorliegenden Fällen das Verhältnis der Spezialität als gegeben erkannt haben, haben wir die Bedeutungslosigkeit der Klausel „soweit nicht das Gesetz eine andre Strafe androht" in § 49a für das Str.G.B. nachgewiesen. Damit hätten wir eigentlich unsere Aufgabe erledigt, da wir ja nur die Stellung des § 49a im System des Str.G.B.s behandeln wollen. Indessen ist es interessant, eine Bestätigung unsrer obigen Behauptung auch in den strafrechtlichen Nebengesetzen zu finden, und deshalb mögen die in Betracht kommenden Fälle der Vollständigkeit wegen hier angeführt werden.[1])

R.Mil.Str.G.B. § 78 bestimmt: „Wer einen andern zur Fahnenflucht vorsätzlich verleitet oder die Fahnenflucht desselben vorsätzlich befördert, wird, wenn die Fahnenflucht erfolgt ist, . . . bestraft. Der Versuch ist strafbar."

Es handelt sich in dem ersten Absatz eigentlich gar nicht um die Aufforderung zur Fahnenflucht, also zu einem Verbrechen im Sinn des § 49a, in Wahrheit liegt vielmehr Anstiftung vor, da die Tat begangen sein muß. Wenn dann der zweite Absatz die versuchte Anstiftung für strafbar erklärt, so ist diese nicht identisch mit der „Aufforderung" des § 49a, wie wir im ersten Teil dieser Arbeit nachgewiesen haben. Nehmen wir z. B. als konkreten Fall den unbeendigten Versuch, so könnte überhaupt keine Konkurrenz zwischen beiden Paragraphen stattfinden, da dieses Delikt gar nicht unter § 49a fällt. Dächten wir aber auch nur an den beendigten Versuch, so zeigt sich doch deutlich, daß der Tatbestand, den § 78 voraussetzt, bedeutend enger ist als der des § 49a. Es liegt also auch hier das Verhältnis der Spezialität vor.

R.Mil.Str.G.B. § 99 II bestraft die erfolglose Aufforderung an eine Person des Soldatenstandes zur Verweigerung des Gehorsams, zu einer Widersetzung oder Tätlichkeit gegen den

---

[1]) Sie sind aufgezählt z. B. bei Witte a. a. O. S. 32; und v. Liszt a. a. O. S. 556 f.

Vorgesetzten. Auch hier ergibt sich klar, daß dieser Paragraph einen Spezialfall von § 49a darstellt.

Dasselbe gilt vom R.Mil.Str.G.B. § 100, der eben diesen Tatbestand bedroht, wenn die Aufforderung an mehrere Personen des Soldatenstandes gerichtet war. Alle diese Fälle haben vor § 49a auch noch das besondere Merkmal, daß hier die Aufforderung von einem Soldaten ausgegangen sein muß, während die Aufforderung des § 49a ein jeder Beliebige begehen kann.

„Gesetz vom 7. Februar 1874 über die Presse" § 16 erklärt öffentliche Aufforderungen mittels der Presse zur Aufbringung der wegen einer strafbaren Handlung erkannten Geldstrafen und Kosten für verboten. Hier liegt überhaupt keine Aufforderung zu einem Verbrechen vor.

„Seemannsordnung vom 27. Dezember 1872" § 88 II bestraft die erfolglose Aufforderung zu den Delikten der §§ 87 und 91, die jedoch beide nur Vergehen darstellen.

„Gesetz vom 9. Juni 1884 gegen den verbrecherischen und gemeingefährlichen Gebrauch von Sprengstoffen" § 10 droht Zuchthausstrafe demjenigen an, der öffentlich zur Begehung der in §§ 5 und 6 bezeichneten strafbaren Handlungen auffordert. Hier handelt es sich freilich um die Aufforderung zu Verbrechen, aber auch hier liegt auf der Hand, daß dieser Paragraph ein Spezialfall des § 49a ist, da er eine bestimmte Aufforderung zu einem bestimmten Verbrechen als Tatbestand enthält.

So sehen wir, daß in den angeführten Fällen zum Teil überhaupt keine Konkurrenz zwischen § 49a und diesen Paragraphen stattfinden kann, weil es sich nicht überall um die Aufforderung zu Verbrechen handelt; wo dies aber auch gegeben ist, da ist andrerseits leicht ersichtlich, daß es sich um leges speciales handelt, die also dem § 49a vorgehen, so daß in der Tat die Klausel „soweit nicht das Gesetz eine andre Strafe androht" in § 49a auch für die strafrechtlichen Nebengesetze völlig überflüssig ist.

§ 16.

Tatsächlich kommt nun die herrschende Lehre zu demselben Resultat, nämlich zur Anwendung aller jener Paragraphen vor § 49a. Sie nimmt ja mit Ausnahme von § 333 zwischen ihnen ebenfalls Spezialität an, und § 333, der nach ihr mit § 49a idealiter konkurrieren soll, ist das strengere Gesetz, folglich findet auch er gemäß § 73 vor § 49a Anwendung. Also scheint unsere Erörterung, praktisch genommen, ohne Wert zu sein. Um diesem Einwand zu begegnen, sind wir daher genötigt, noch kurz auf die Konsequenzen unserer Ansicht einzugehen.

Zunächst erinnern wir uns, daß die herrschende Lehre mit ihrer grundsätzlich verschiedenen Beurteilung dieser Fälle schon aus diesem Grunde unhaltbar ist. Demgegenüber wird unsere Ansicht der gleichen Stellung dieser Paragraphen zu § 49a dadurch gerecht, daß sie für diese auch das gleiche Verhältnis annimmt.

Dies tut nun zwar die Ansicht, die überall Subsidiarität des § 49a behauptet, ebenfalls. Sie leidet jedoch an dem unlöslichen Widerspruch, daß sie einerseits wie die herrschende Lehre die Subsidiarität als Unterfall der Gesetzeskonkurrenz ansieht, andrerseits aber doch zugibt, daß ohne jene Klausel in § 49a Idealkonkurrenz eintreten würde. Die vorliegende Ansicht dagegen, glauben wir, ist von solchem Widerspruch frei und deckt sich auch, wie oben gezeigt,[1]) mit der Meinung des Reichstages und der Kommission; denn auch sie betrachtet ebenso wie wir diese Klausel als überflüssig und nur als um der Klarheit willen hinzugefügt.

Unsere Ansicht wird aber vor allem der Entstehungsgeschichte des § 49a gerecht und führt schließlich gerade bezüglich des § 333 zu befriedigenden Resultaten.

Dies mögen zwei kleine Fälle[2]) beweisen.

Von Durst getrieben, hat sich ein Handwerksbursch am

---

[1]) Vgl. oben S. 51 und 52.

[2]) Sie finden sich aufgezeichnet von Reiffel im Ger. Saal, XLII, S. 199ff.

Wege einige Kirschen abgepflückt. Der Feldhüter will ihn anzeigen; der Handwerksbursch bietet ihm eine Zigarre an mit der Bitte, die Anzeige nicht zu erstatten. Vorausgesetzt, daß der Feldhüter ihn dennoch anzeigt, so kann der Handwerksbursch nach § 333 einen Tag bis zu fünf Jahren Gefängnis erhalten, bei mildernden Umständen, die man ja wohl hier wird annehmen können, eine kleine Geldstrafe im Mindestbetrag von drei Mark.

Nun nehmen wir aber eine schöne Belgierin, die, Blumen pflückend, die Grenze überschritten hat, und von einem Feldhüter auf einem bestellten Acker betroffen, wegen dieses Frevels protokolliert und verhaftet würde, und die diesem in ihrer Herzensangst einen Kuß gäbe mit der Bitte, sie unbehelligt zu lassen. Einen Kuß wird man nun wohl nicht unter die „Vorteile" des § 333 subsumieren können,[1]) wohl aber unter die „Vorteile irgend welcher Art" des § 49a.[2]) Sie käme also nach der herrschenden Lehre auf Grund des § 49a bestenfalls mit einem Tage Gefängnis davon, während doch der Handwerksbursch, der den Feldhüter durch das Anbieten einer Zigarre zu bestechen sucht, härter bestraft werden müßte als die Belgierin, die sich nur bereit erklärt, dem Feldhüter einen Kuß zu geben.

Nun vergleiche man einmal mit dieser Anwendung des

---

[1]) Frank (§ 331, N. III, 1) versteht unter „Vorteilen" nur solche, die die wirtschaftliche Lage verbessern, während die herrschende Lehre auch, nur materielle Vorteile zur Erfüllung des Tatbestandes des § 333 gelten läßt. Dies selbst dann, wenn sie lediglich vorübergehender Natur sind (so Olshausen, § 333, No. 2b). Ob ein solcher vorübergehender Vorteil materieller Natur in einem Kuß gefunden werden kann, dürfte zu verneinen sein, denn es ist doch noch ein großer Unterschied zwischen der Gestattung des Beischlafs und der Spendung eines Trunkes, Beispiele, die die herrschende Lehre noch unter die „Vorteile" rechnet, und einem Kuß. Wo bleibt denn hier das Materielle des Vorteils? Der Vorteil besteht doch für den Feldhüter lediglich darin, daß er sich geschmeichelt fühlt, und einen anderen Vorteil will ihm auch das Mädchen garnicht gewähren; es handelt sich also wohl mehr um einen ideellen, als um einen materiellen Vorteil, und ein solcher fällt nach der herrschenden Lehre nicht unter die „Vorteile" des § 333.

[2]) Vgl. R., II, S. 564; V, S. 670.

§ 49a dessen Entstehungsgeschichte. In den Motiven zum belgischen Gesetz heißt es:[1]) Un fait qui s'est produit récemment a soulevé une indignation générale. On a appris non sans surprise, que ce fait, odieux et immoral de l'aveu de tous, ne trouvait de répression ni dans la législation pénale de la Belgique, ni dans celle de l'Allemagne. C'était une évidente et regrettable lacune. Tous les organes de l'opinion publique s'unirent pour demander qu'elle fût promptement comblée. D'autre part il existe des crimes non moins graves tels, que la contrefaçon de billets de banque, la fabrication de fausse monnaie, dont la menace ne se conçoit guère, parce qu'ils ne s'attaquent pas à une personne déterminée. Ils sont de nature cependant à jeter un trouble profond dans les rélations internationales, et à porter de dangereuses atteintes à la fortune publique. L'offre ou la proposition de commettre ces crimes, doit-elle demeurer impunie?

§ 49a war hiernach dazu bestimmt, eine in die Augen springende, beklagenswerte Lücke auszufüllen. Aber war denn dies in unserm Fall wirklich nötig? Konnte man hier ebenso wie bei den oben genannten Verbrechen sagen, daß sich über solche Tat ein Sturm der Entrüstung erhob, daß man mit Erstaunen sah, daß weder in Belgien noch in Deutschland bei einer solchen verabscheuungswürdigen Handlung eine Bestrafung eintrete, daß alle Organe der öffentlichen Meinung sich vereinigten, um die Bestrafung zu fordern, und daß das Wohl des Staates und die internationalen Beziehungen stark gefährdet würden, wenn unser Mädchen für seinen Kuß straflos blieb? Nein, diese Bedeutung hat § 49a nicht, er kann nur bezweckt haben, dort eine Bestrafung zu fordern, wo bisher noch keine Strafbestimmung bestand, und zwar deshalb nicht bestand, weil man die erfolglose Anstiftung überhaupt nicht für strafbar erachtete. Wo man aber in einem besonderen Fall dies getan, da wollte jener Paragraph auch nicht eingreifen und nun etwa die Strafe ändern.

Beachtet man dies, so ergibt sich ganz von selbst, daß

[1]) Reiffel a. a. O. S. 222.

man das Verhältnis von § 49a zu § 333 unmöglich als Subsidiarität bezeichnen kann. Denn diese kann immer nur so lange bestehen, als der andre Paragraph tatsächlich Anwendung findet; ist diese aus irgend einem Grunde unmöglich, so tritt eben der subsidiäre Paragraph ein. Denn Subsidiarität ist, wie oben gezeigt, ein Unterfall der Idealkonkurrenz, setzt also voraus, daß beide Paragraphen das gleiche Recht haben, ihre Anwendbarkeit zu fordern. Nimmt man aber, wie wir, Gesetzeskonkurrenz an, die in der Unterordnung des einen Paragraphen unter den andern besteht, dann bekommen wir sogleich ein ganz befriedigendes Resultat. Denn Spezialität bedeutet, daß von zwei Paragraphen der eine der Beurteilung des in Frage stehenden Tatbestandes näher kommt, als der andre, daß er mehr besondere Merkmale dieses Tatbestandes berücksichtigt. Ehe wir hier den andern, den allgemeinen Paragraphen zur Anwendung bringen, haben wir daher noch vorerst zu prüfen, ob nicht der spezielle Paragraph ausschließlich Anwendung finden kann. Und selbst wenn dies aus besonderen Gründen unmöglich sein sollte, so ist damit doch noch nicht ohne weiteres die Anwendbarkeit des weiteren Paragraphen gegeben, sondern wir haben nun besonders zu untersuchen, ob nicht implicite in dem speziellen Paragraphen, der ja stets in erster Linie ausschlaggebend ist, eine besondere Regelung dieses Falles vorgesehen ist, und dann kommt der allgemeine Paragraph trotz Nichtanwendung des speziellen dennoch nicht in Betracht.

Vergleichen wir zu diesem Zweck § 333 mit § 334, so handelt es sich in beiden Fällen um Bestechung, also um einen besonders schweren Fall der Aufforderung (vgl. § 49a III). Wird diese Bestechung gegenüber einem Richter begangen, so tritt Zuchthausstrafe ein, bei mildernden Umständen Gefängnis. Wird sie gegenüber einem andern Beamten begangen, so verhängt § 333 Gefängnis und bei mildernden Umständen Geldstrafe. Wird nun an einen Beamten eine Aufforderung gerichtet, die sich nicht als der qualifizierte Aufforderungsfall der Bestechung darstellt, so darf auf keinen Fall eine schwerere Strafe eintreten, als die in § 333 angedrohte. Da wir jedoch in keinem Paragraphen diesen besonders leichten Fall als solchen unter Strafe gestellt finden, so muß Straflosigkeit eintreten; dies verlangt § 333. Ist dies nun die lex specialis gegenüber § 49a, so geht sie vor; § 49a kann also, da er dem § 333 nachgeordnet ist, nicht Anwendung finden, wo die lex specialis Straflosigkeit fordert. Dies entspricht vollkommen den Intentionen des Gesetzgebers, der nur an solche Verbrechen dachte, zu denen die erfolglose Aufforderung noch nicht speziell mit Strafe bedroht war. So bekommen wir ein befriedigendes Resultat, die Straflosigkeit des Mädchens, und zwar ganz in Übereinstimmung mit dem Willen des Gesetzgebers, der auch sicher § 49a in solchen Fällen nicht angewendet sehen wollte.

§ 17.

Vergegenwärtigen wir uns jetzt am Schluß dieses Teils kurz den Gang unsrer Untersuchung, so hatten wir nachgewiesen, daß die §§ 111, 159 und 333 zu § 49a in demselben Verhältnis stehen. Da in unserm Fall nur eine einzige Handlung vorliegt, so haben wir zur Bestimmung des einheitlichen Verhältnisses dieser Paragraphen nur die Wahl, entweder Gesetzeskonkurrenz oder Idealkonkurrenz anzunehmen. Damit entfällt die Ansicht des R.G.s, die zum Teil Idealkonkurrenz, zum Teil Gesetzeskonkurrenz als vorliegend erachtet.

Unseren bis jetzt gestellten Anforderungen entspricht freilich die Meinung, die das Verhältnis dieser Paragraphen als Subsidiarität auffaßt; denn sie stellt ja ein gleiches Verhältnis zwischen § 49a und den genannten Paragraphen her. Doch ist auch diese Ansicht nicht aufrecht zu erhalten, da Subsidiarität im Sinn der herrschenden Lehre ein Unterfall der Gesetzeskonkurrenz ist, die voraussetzt, daß die Tatbestände sich decken, während das gerade hier nicht der Fall ist. Es könnte daher nur Idealkonkurrenz gegeben sein. Eine solche müßte aber aus dem Grunde abgelehnt werden, weil dann für diesen Fall infolge der Bedeutung, die man der Klausel in § 49a beilegt, die Anwendbarkeit des § 73 ausgeschlossen sein würde, die aber nach der herrschenden Lehre notwendig ist zum Begriff der Idealkonkurrenz.

Was weiter § 85 betrifft, so nimmt man zwischen § 85 und § 49a im allgemeinen Spezialität an;[1]) dies ist aber unvereinbar mit der Bedeutung, die man jener Klausel „soweit nicht das Gesetz eine andere Strafe androht“ beilegt, da man ja auf dieses ausdrücklich ausgesprochene Zurücktreten des einen Gesetzes hinter anderen die ganze Lehre von der Subsidiarität gründet. Wenn man daher Spezialität annimmt, andrerseits aber auch die Klausel für bedeutungsvoll erklärt, so liegt darin ein unlöslicher Widerspruch; denn entweder liegt Spezialität vor, dann hat die Klausel keine Bedeutung, oder aber sie hat eine solche, dann kann jedoch nicht Spezialität, sondern es müßte Subsidiarität vorliegen.

Diejenige Meinung andrerseits, die hier Subsidiarität als vorliegend erachtet, steht in offenbarem Gegensatz zum Willen des Gesetzgebers, der die Klausel als völlig überflüssig betrachtete.

Da also die herrschende Lehre zu keinem befriedigenden Resultat kommt, so haben wir versucht, selbst einen Vorschlag zur Lösung dieser Frage zu machen. Ausgehend von § 73 und von dem Wesen der Konkurrenz, bestimmen wir das Verhältnis von zwei Paragraphen **mit Rücksicht auf die konkrete Handlung,** die diese Konkurrenz veranlaßt hat, und fragen, welcher von den ihre Anwendung fordernden Paragraphen der Handlung am meisten gerecht wird. Auf diese Weise unterscheiden wir, wie die herrschende Lehre, Gesetzeskonkurrenz und Idealkonkurrenz, nur daß wir die Subsidiarität als Unterfall der Idealkonkurrenz, nicht als einen solchen der Gesetzeskonkurrenz auffassen, und nehmen für unsere sämtlichen in Frage stehenden Fälle das Verhältnis der Spezialität an.

Damit haben wir eine Auslegung des § 49a gewonnen, die

1. den gesetzlichen Bestimmungen des § 73 und dem Wesen der Konkurrenz entspricht,

---

[1]) Dies kann nur nach den Ausführungen von Köhler zweifelhaft erscheinen; vgl. oben S. 48—50.

2. in Übereinstimmug mit dem Willen des Gesetzgebers die Klausel in § 49a für überflüssig erklärt;

3. abweichend von der herrschenden Lehre, aber im Einklang mit dem tatsächlich vorliegenden einheitlichen Verhältnis, dies auch in dieselbe theoretische Gruppe einreiht, und endlich

4. zu gerechteren Resultaten führt.

Freilich ist es unmöglich, alle ungerechten Strafen, die durch § 49a im Vergleich zu diesen speziellen Vorschriften bedingt werden, zu beseitigen; sie sind zum größten Teil in dem angedrohten Strafrahmen gegeben, der nicht genug den Einzelfall berücksichtigen läßt.

So wird z. B. die erfolglose Anstiftung zum Meineid, selbst wenn sie nur mündlich, ohne Gewährung eines Vorteils geschieht, mit Zuchthaus bis zu fünf Jahren, die gleiche Anstiftung zum Morde garnicht, und wenn sie schriftlich geschieht oder an einen Vorteil geknüpft wird, nach § 49a mit Gefängnis bestraft.

Ferner, fordert jemand brieflich einen andern ohne Erfolg zur Begehung eines Verbrechens auf, so wird er nach § 49a mit Gefängnis bis zu zwei Jahren oder mit Festung von gleicher Dauer bestraft; tut er es aber durch ein an viele Tausende gesandtes Flugblatt, so trifft ihn nach § 111 II nur Gefängnis bis zu einem Jahr oder Geldstrafe bis 600 Mark.

Endlich, die öffentliche Aufforderung zur Begehung einer strafbaren Handlung hielt man für gefährlich genug, um sie unter Strafe zu stellen, und zwar ohne Rücksicht darauf, ob diese Aufforderung zur Begehung eines Verbrechens, eines Vergehens oder einer Übertretung aufmuntern sollte. § 49a bestraft dagegen die in nicht öffentlicher Weise geschehene Aufforderung und faßt nur die Aufforderung zu Verbrechen ins Auge. Dies würde also immer noch dem ursprünglichen Gedanken entsprechen, daß die öffentliche Aufforderung gefährlicher sei. Folglich: wer öffentlich zu einem Verbrechen auffordert, wird nach § 111 II bestraft, während die nicht öffentliche Aufforderung straflos bleibt. Dagegen droht man nun aber gegen die nicht öffentliche Aufforderung zu einem Verbrechen eine härtere Strafe an als gegen die öffentliche. Nehmen wir also z. B. die Aufforderung zum Morde, so würde die öffentliche Aufforderung mit Geldstrafe bis 600 Mark oder Gefängnis bis zu einem Jahr zu bestrafen sein, die nicht öffentliche aber mit Gefängnis von drei Monaten bis zu fünf Jahren. Der Umstand, daß die Aufforderung nicht öffentlich geschieht, ist also bei Vergehen und Übertretungen ein Strafausschließungsgrund, bei Verbrechen aber ein Strafschärfungsgrund.[1]

Dies alles sind Ergebnisse, die unmöglich befriedigen, die jedoch nicht anders ausfallen können, solange nicht der Strafrahmen des § 49a nach oben wie nach unten bedeutende Erweiterungen erfahren hat, die eine entsprechende Behandlung wie die Spezialfälle ermöglichen; insbesondere ist die Berücksichtigung mildernder Umstände dringend zu wünschen.

Immerhin wird es aber von Nutzen sein, daran festzuhalten, daß § 49a sich in allen diesen Fällen Spezialbestimmungen gegenübergestellt sieht, und daß hier sein Anwendungsgebiet notgedrungen aufhören muß. Denn das lehrt schon die Entwicklungsgeschichte des Strafrechts, daß die einfachsten Verbrechenstypen dem Gesetzgeber am frühesten klar vor Augen treten;[2] er stellt also zunächst nur einfache Fälle unter Strafe. Dann kommt ein Zeitpunkt, in dem er sieht, daß er mit diesen Einzelfällen nicht mehr ausreicht, daß es eine ganze Reihe ähnlicher Fälle gibt, die die gleiche Behandlung erheischen. Um diese sämtlich zutreffen, die er für den Augenblick natürlich noch nicht vollkommen übersehen kann, schafft er nun häufig ein sog. allgemeines Gesetz, das aber nach seiner Intention die Bedeutung hat, immer nur dort helfend einzugreifen, wo die bisherige Spezialgesetzgebung noch nicht tätig gewesen, und dort sein Anwendungsgebiet zu schließen, wo ein Spezialgesetz die Regelung trifft. Erkennt man diesen Entwicklungsgang als Regel an, so wird man unserem Vorschlag für die Bestimmung des Verhältnisses von § 333 und § 49a seine Zustimmung wohl kaum versagen können.

---

[1]) Geyer in H. H., IV, S. 152.

[2]) Vgl. Binding: Hdb., I, S. 362f.

Thesen.

I.

Das rescriptum divi Pii hat vermutlich folgenden Inhalt gehabt: wer seinen Schuldner bittet, an einen Dritten zu restituieren, erläßt ihm im Zweifel die Schuld und belastet ihn gleichzeitig mit einem Fideikommiß zugunsten des Dritten.

II.

Das fideicommissum a debitore relictum der l. 77. D. 30 läßt sich nicht als ein Vertrag zugunsten eines Dritten konstruieren, sondern ist eine einseitige letztwillige Verfügung des Erblassers.

III.

Ulpian faßt in l. 77. D. 30. das fideicommissum a debitore relictum so auf, als sei dem Schuldner die Schuldbefreiung vermacht und dieses Vermächtnis beschwert mit einer Auflage zugunsten des Dritten, dem der Schuldner zahlen soll, also als ein fideicommissum liberationis zugunsten des Schuldners, verbunden mit einem Afterfideikommiß zugunsten des Dritten.

IV.

Die öffentliche Feier der Eheschließung in Verbindung mit der Tatsache, daß die Eheleute zeitlebens miteinander als solche unbehelligt gelebt haben, gibt ihren Kindern nach c. 11, X, IV, 17 beim Tode ihrer Eltern eine absolute Sicherheit gegen die Anfechtung ihrer Ehelichkeit auf Grund eines materiellen Hindernisses, das der Verbindung ihrer Eltern entgegengestanden hatte.

V.

Die Eintragung ins Heiratsregister ist, ebenso wie die kirchliche Eheschließung des kanonischen Rechts, nicht wesentlich für das Zustandekommen der Ehe. Sie wird jedoch von

Bedeutung, wenn die Ehe wegen Formmangels nichtig ist. Auch knüpft das B.G.B. an die Nichteintragung rechtliche Nachteile in mehrfacher Hinsicht.

VI.

Die kirchliche Eheschließung des vortridentinischen Rechts und die Eintragung ins Heiratsregister des B.G.B. begründen beide in derselben Weise unter gewissen Bedingungen die Ehelichkeit der aus der Ehe hervorgegangenen Kinder, falls sie sonst wegen eines Ehehindernisses nicht ehelich sein würden.

VII.

Das Vergehen des § 49a R.St.G.B. stellt keinen Anstiftungsversuch dar, trotzdem stehen sich §§ 48 u. 49a R.St.G.B. in ihrer Anwendung ziemlich nahe.

VIII.

Die Aufforderung des § 49a R.St.G.B. läßt sich nicht auffassen als Teilnahmehandlung an dem Tun eines anderen.

IX.

§ 49a R.St.G.B. trägt überhaupt keinen allgemeinen Charakter.

X.

Die Subsidiarität ist ein Unterfall der Idealkonkurrenz, nicht ein solcher der Gesetzeskonkurrenz.

XI.

Die §§ 85, 111, 159, 333 R.St.G.B. stehen zu § 49a R.St.G.B. in demselben Konkurrenzverhältnis, und zwar weder in dem der Idealkonkurrenz, noch in dem der Subsidiarität, sondern in dem der Spezialität.

XII.

Bei der Bestimmung des Konkurrenzverhältnisses zwischen zwei Paragraphen des R.St.G.B. dürfen nicht, wie nach der herrschenden Lehre, die Tatbestände der einzelnen Paragraphen miteinander verglichen werden, sondern es sind die verschiedenen Konkurrenzmöglichkeiten zu betrachten mit Rücksicht auf eine bestimmte, die Konkurrenz hervorrufende Tat.

Lebenslauf.

Am 25. Dezember 1880 wurde ich geboren als Sohn des Kaufmanns H. Haeger zu Belgard a. d. Persante in Pommern und genoß den ersten Unterricht auf dem dortigen Gymnasium von Ostern 1887 bis Ostern 1895, zu welcher Zeit meine Eltern nach Wilmersdorf bei Berlin übersiedelten. Hier besuchte ich das Kgl. Joachimsthalsche Gymnasium, das ich Ostern 1899 mit dem Zeugnis der Reife verließ, um meine Studien in Lausanne mit den beiden ersten Semestern zu beginnen. Darauf studierte ich ein Semester in München und beendete meine Studien in Berlin, wo ich die letzten drei Semester studierte. Neben den juristischen habe ich national-ökonomische, geschichtliche, philosophische, kunsthistorische und neusprachliche (Englisch und Französisch) Vorlesungen gehört. Besonderes Interesse wandte ich den praktischen juristischen Übungen zu.

In meiner Studienzeit habe ich die Vorlesungen folgender Herren Professoren besucht: v. Amira, André, Blinkhorn, Bornhak, Brentano, Brunner, Burchard, Erman, Friedlaender, Gierke, Grueber, Heilborn, Hellmann, Herzen, Heymann, Hübler, Jastrow, Kahl, Kohler, Lasson, v. Liszt, v. Martitz, Pareto, Preuß, Roguin, Schmitt, Schmoller, Schollmeyer, Schwartz, Seckel, v. Seeler, v. Seuffert, v. Sicherer, Straßmann, Wagner, Weiffenbach.

Am 14. Juni 1902 bestand ich die erste juristische Prüfung am Kgl. Kammergericht, wurde am 26. Juni 1902 zu Lübben als Referendar vereidigt und stehe seitdem als solcher im Justizdienst.

Am 31. Juli 1903 bestand ich die mündliche Doktorprüfung an der Kgl. Friedrich Wilhelms-Universität zu Berlin.

Ich gehöre der evangelischen Konfession an.

* * *

Schließlich sei dem Verfasser an dieser Stelle vergönnt, seinen hochverehrten Herren Lehrern an den Universitäten Lausanne, München und Berlin für die Förderung seiner Studien, insbesondere Herrn Geh. Justizrat Professor Dr. v. Liszt für die mannigfachen Anregungen, welche ihm derselbe auch bei der vorstehenden Arbeit in gütigster Weise hat zuteil werden lassen, seinen tiefempfundenen ergebensten Dank auszusprechen.

FSC
www.fsc.org
MIX
Papier | Fördert
gute Waldnutzung
FSC® C083411

Kolibri 360 GmbH
Ferdinand-Jühlke-Straße 7
99095 Erfurt, Deutschland
produktsicherheit@kolibri360.de